2019
北京区域统计年鉴

北京市统计局
国家统计局北京调查总队 编

中国统计出版社
China Statistics Press

图书在版编目（CIP）数据

北京区域统计年鉴. 2019 / 北京市统计局, 国家统计局北京调查总队编.
—北京 : 中国统计出版社, 2019.10
ISBN 978-7-5037-8970-0

Ⅰ. ①北… Ⅱ. ①北… ②国… Ⅲ. ①统计资料－北京－2019－年鉴
Ⅳ. ①C832.1-54

中国版本图书馆CIP数据核字(2019)第200843号

北京区域统计年鉴-2019

作　　者：北京市统计局 国家统计局北京调查总队
责任编辑：李　冲
出版发行：中国统计出版社
地　　址：北京市丰台区西三环南路甲6号 邮政编码/100073
电　　话：邮购（010）63376909 书店（010）68783171
网　　址：http://www.zgtjcbs.com
印　　刷：北京力信诚印刷有限公司
经　　销：新华书店
开　　本：880mm×1230mm 1/16
字　　数：500千字
印　　张：19 彩页2.25
版　　别：2019年10月第1版
版　　次：2019年10月第1次印刷
定　　价：180.00元

本书附同版本CD-ROM一张，光盘内容以书面文字为准。

东城区

地区生产总值（亿元）

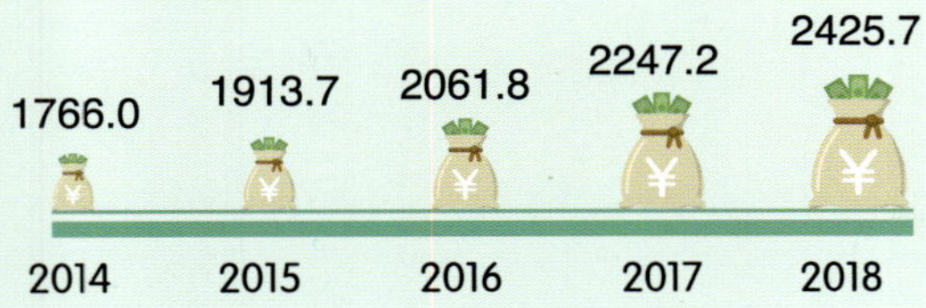

一般公共预算收入（亿元）

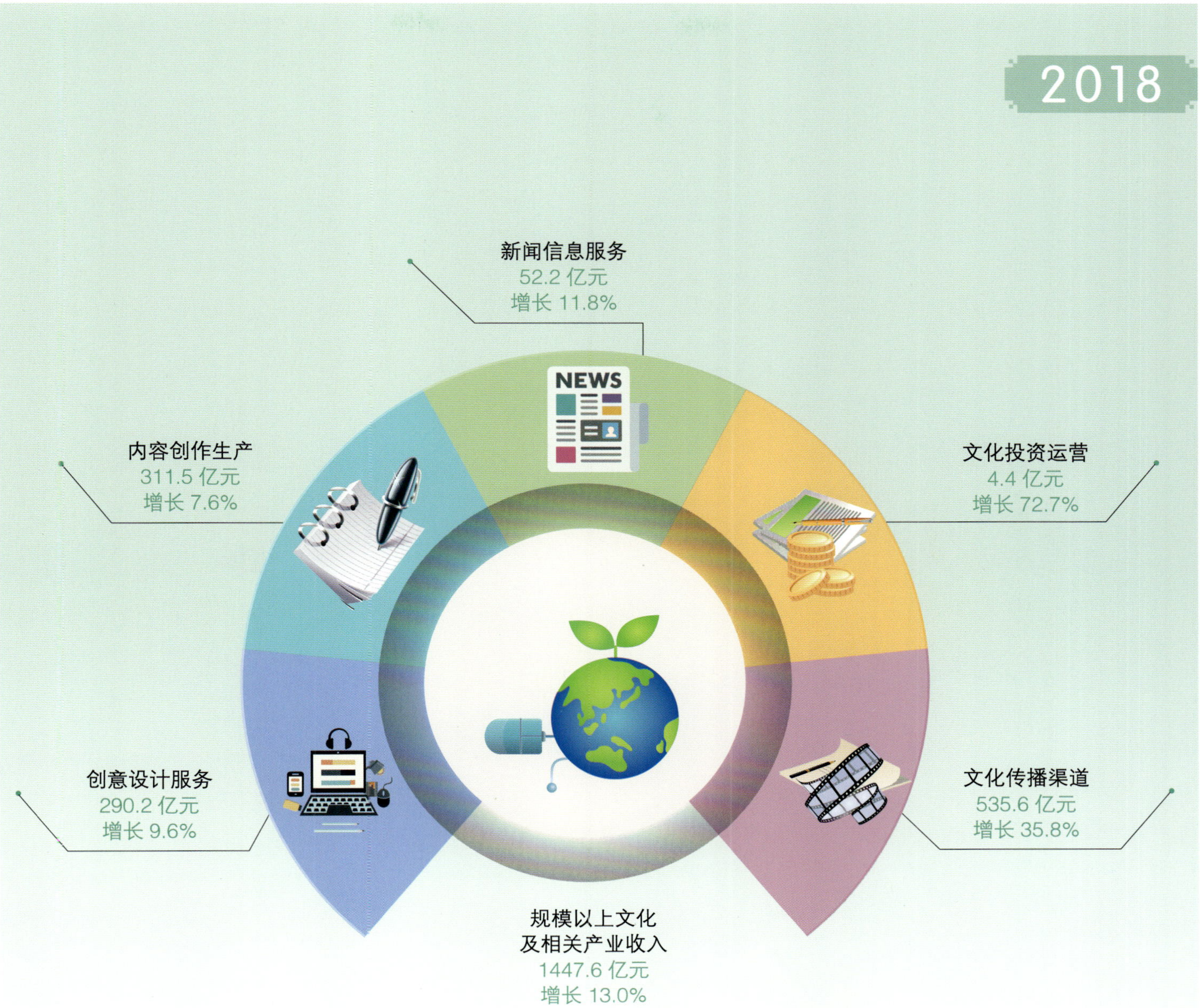
2018
新闻信息服务
52.2 亿元
增长 11.8%
NEWS
内容创作生产
311.5 亿元
增长 7.6%
文化投资运营
4.4 亿元
增长 72.7%
创意设计服务
290.2 亿元
增长 9.6%
文化传播渠道
535.6 亿元
增长 35.8%
规模以上文化
及相关产业收入
1447.6 亿元
增长 13.0%

社会消费品零售总额（亿元）
913.3
985.9
1046.6
1098.9
1052.9
2014
2015
2016
2017
2018

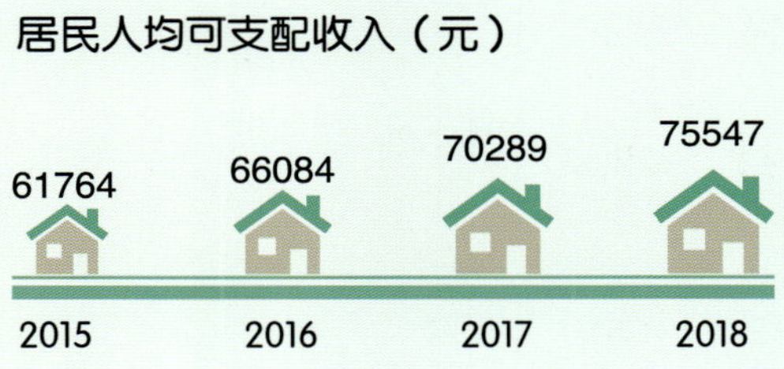
居民人均可支配收入（元）
61764
66084
70289
75547
2015
2016
2017
2018

西城区

地区生产总值（亿元）

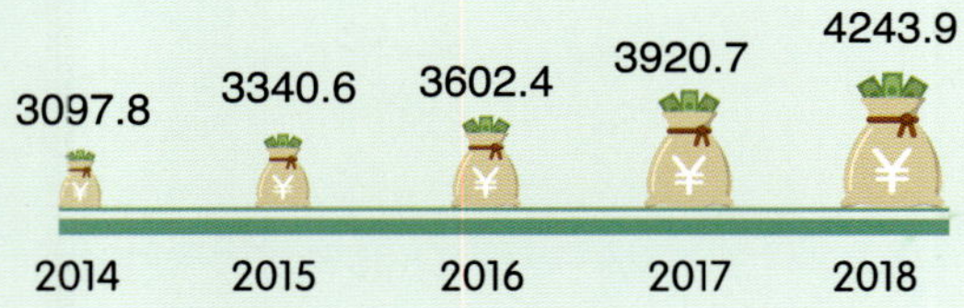

一般公共预算收入（亿元）

2018

地区生产总值
4243.9 亿元
增长 6.5%

其中：金融业增加值
2034.9 亿元
增长 10.5%

一般公共预算收入
430.8 亿元
增长 2.1%

其中：税收收入
406.4 亿元
增长 2.8%

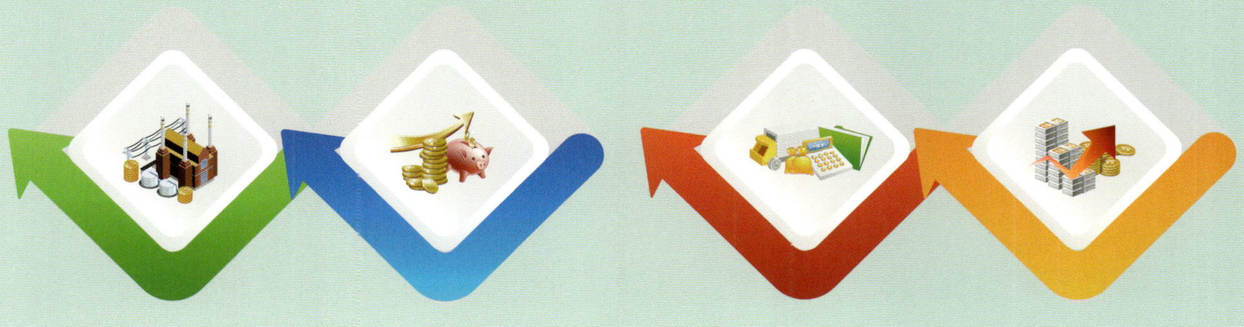

每千常住人口
注册护士数
13.8 人

每千常住人口执业
（助理）医师数
11.1 人

每千常住人口
医院床位数
13.8 张

社会消费品零售总额（亿元）

2014	2015	2016	2017	2018
862.6	912.6	968.8	1013.9	1043.2

居民人均可支配收入（元）

2015	2016	2017	2018
67492	71863	76511	81678

朝阳区

地区生产总值（亿元）

一般公共预算收入（亿元）

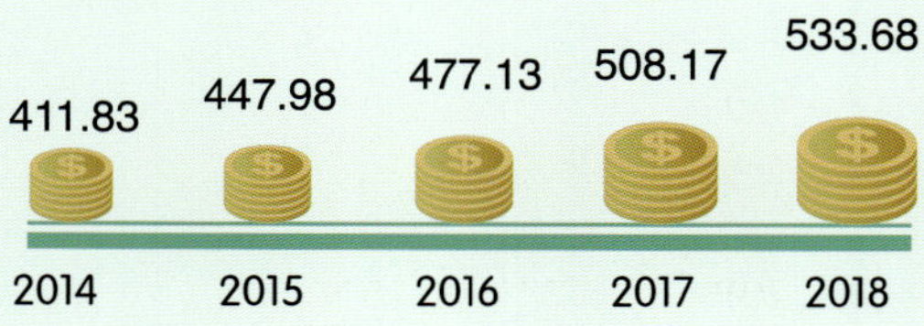

2018

商务服务业（规模以上）收入合计
3942.4 亿元
增长 5.1%

- 组织管理服务 1065.4 亿元 增长 1.7%
- 咨询与调查 468.1 亿元 增长 5.5%
- 广告业 795.5 亿元 增长 3.8%
- 人力资源服务 748.4 亿元 增长 17.8%

信息传输、软件和信息技术服务业（规模以上）收入合计
1506.9 亿元
增长 15.9%

- 电信、广播电视和卫星传输服务 181.4 亿元 增长 2.2%
- 互联网和相关服务 333.1 亿元 增长 8.6%
- 软件和信息技术服务业 992.4 亿元 增长 21.5%

研究开发企业专利申请数
4405 件
增长 16.2%

研究开发企业有效发明专利数
6876 件
增长 9.4%

社会消费品零售总额（亿元）

2014	2015	2016	2017	2018
2377.6	2514.9	2654.5	2762.3	2797.6

居民人均可支配收入（元）

2015	2016	2017	2018
55450	60056	64841	70746

丰台区

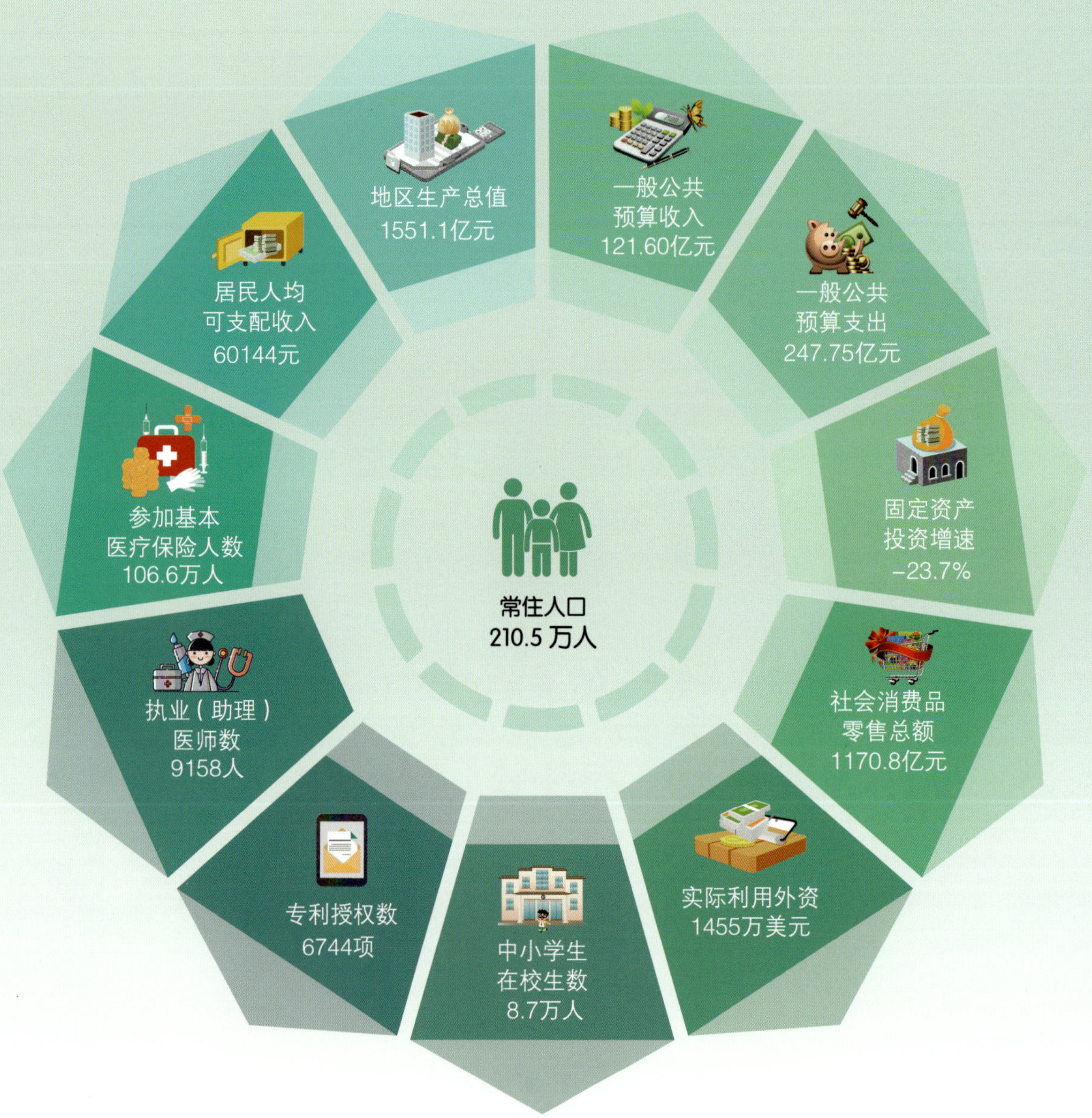

地区生产总值（亿元）

一般公共预算收入（亿元）

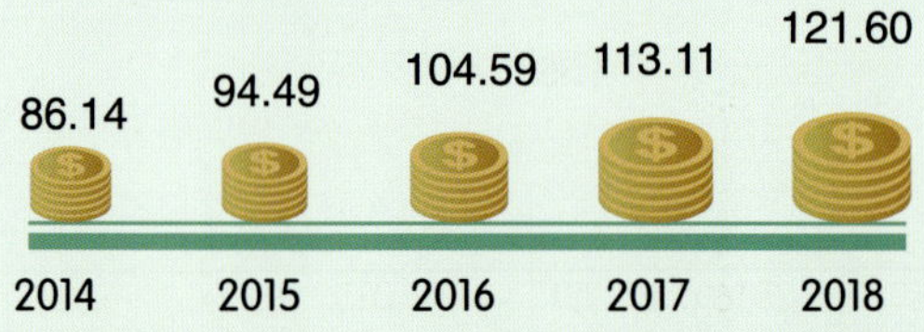

2018

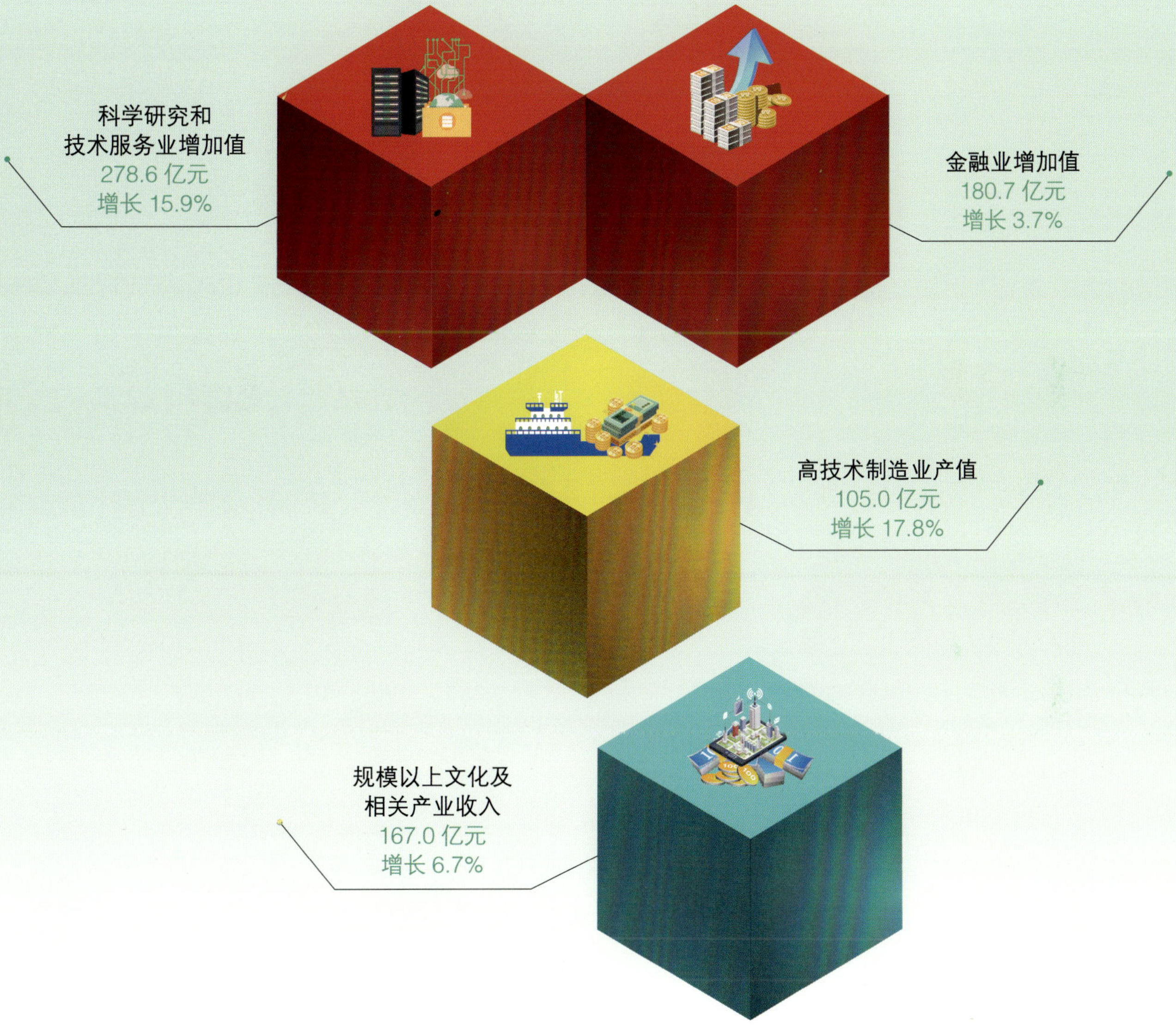

社会消费品零售总额（亿元）

居民人均可支配收入（元）

石景山区

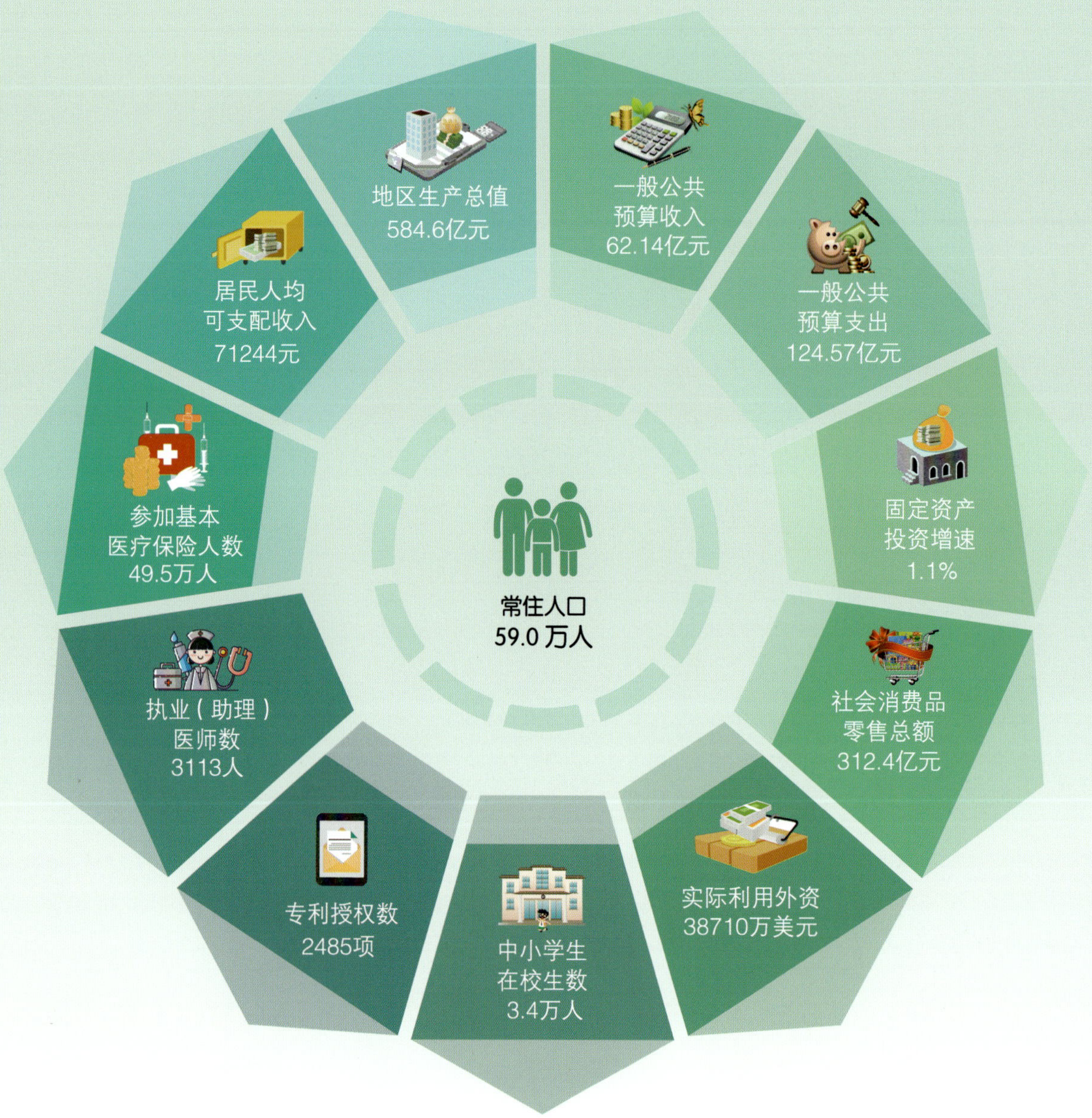

地区生产总值（亿元）

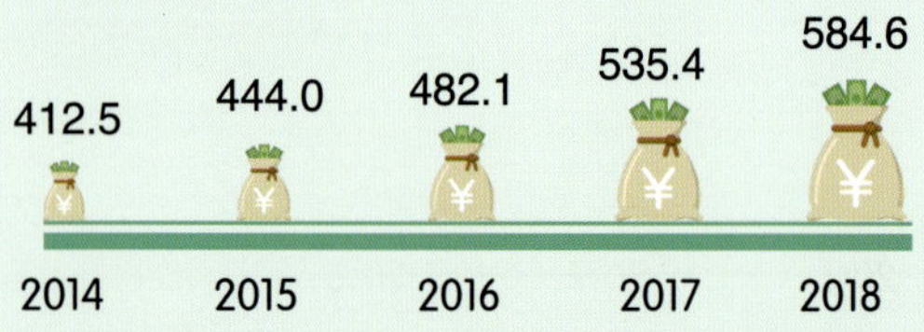

一般公共预算收入（亿元）

2018

科学研究和技术服务业增加值
53.6 亿元
增长 19.0 %

金融业增加值
54.6 亿元
增长 8.8%

租赁与商务服务业增加值
25.0 亿元
增长 12.9 %

信息传输、软件和信息技术服务业增加值
99.7 亿元
增长 4.4%

城市绿化覆盖率
52.67%

人均绿地面积
73.26 平方米 / 人

规模以上创意设计服务收入
74.4 亿元
增长 53.8%

规模以上内容创作生产收入
293.7 亿元
增长 24.4%

社会消费品零售总额（亿元）

2014	2015	2016	2017	2018
241.9	266.0	287.5	303.4	312.4

居民人均可支配收入（元）

2015	2016	2017	2018
56304	60980	66112	71244

海淀区

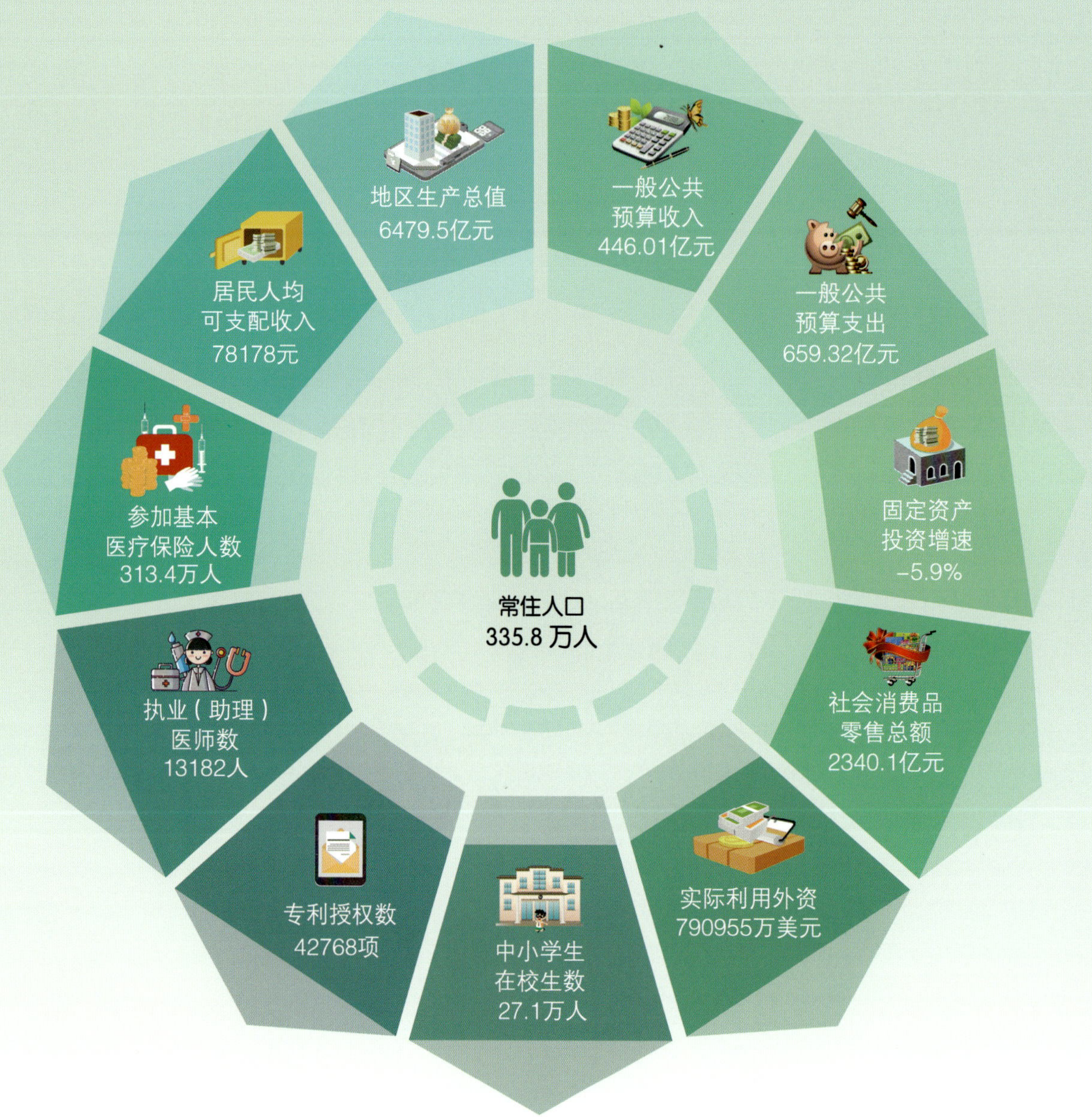

地区生产总值（亿元）

一般公共预算收入（亿元）

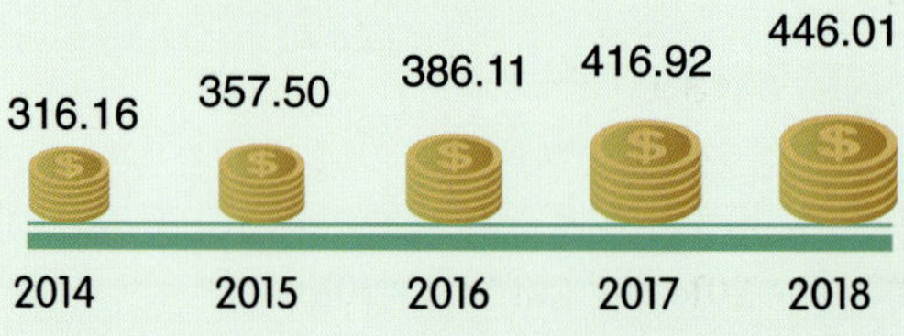

2018

技术合同成交总额
1747.2 亿元

专利申请数
48946 个

发明专利授权数
25474 个

新增注册科技型企业
2018 年新增 1.8万家
平均每天诞生 50 家

规模以上文化及相关产业收入
4469.7 亿元
增长 22.0%

新闻信息服务
2040.4 亿元
增长 25.9%

创意设计服务
1021.5 亿元
增长 31.2%

内容创作生产
775.0 亿元
增长 8.0%

社会消费品零售总额（亿元）

2014	2015	2016	2017	2018
1960.8	2094.7	2213.2	2309.6	2340.1

居民人均可支配收入（元）

2015	2016	2017	2018
62325	67022	71986	78178

门头沟区

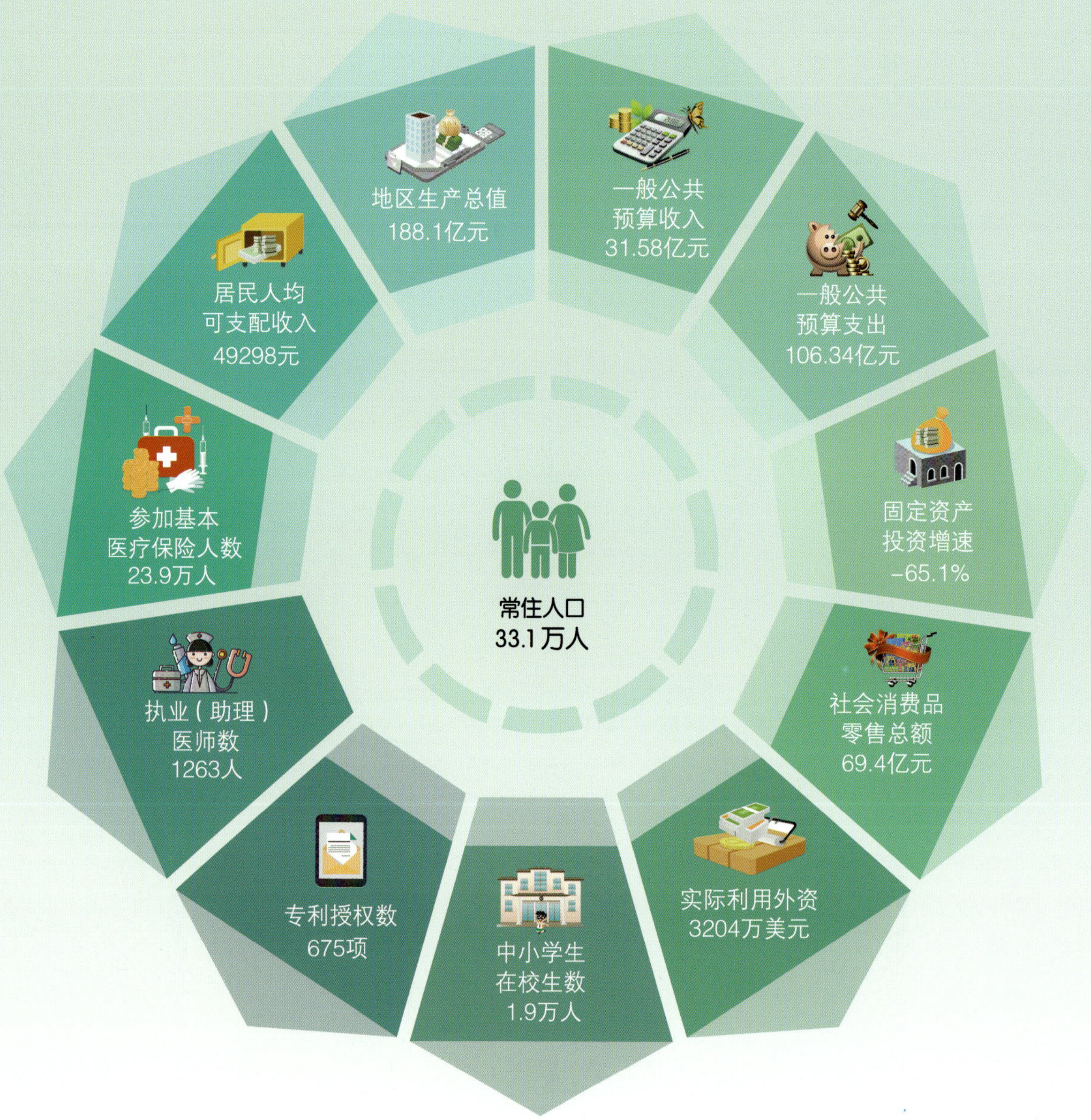

地区生产总值（亿元）

一般公共预算收入（亿元）

2018

城市绿化覆盖率
46.4%
较上年提高 1.6 个百分点

人均公园绿地面积
30.5 平方米
较上年提高 0.5 平方米

万元地区生产总值能耗
下降 4.8%

第一产业能源消费总量
下降 7%

第二产业能源消费总量
下降 3.4%

第三产业能源消费总量
下降 6.2%

社会消费品零售总额（亿元）

2014	2015	2016	2017	2018
53.1	57.5	61.7	65.9	69.4

居民人均可支配收入（元）

2015	2016	2017	2018
39037	42293	45881	49298

房山区

地区生产总值（亿元）

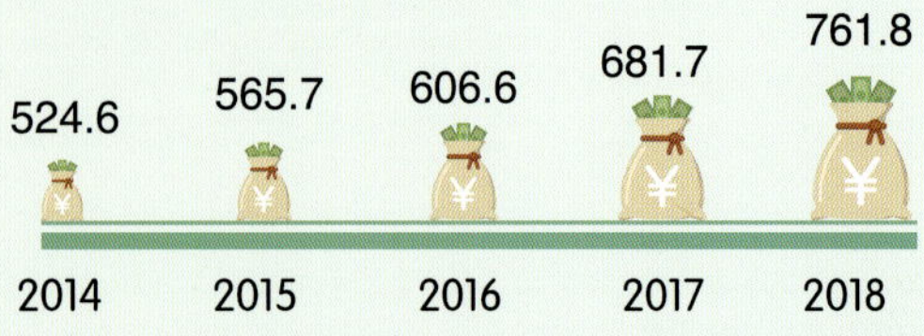

一般公共预算收入（亿元）

2018

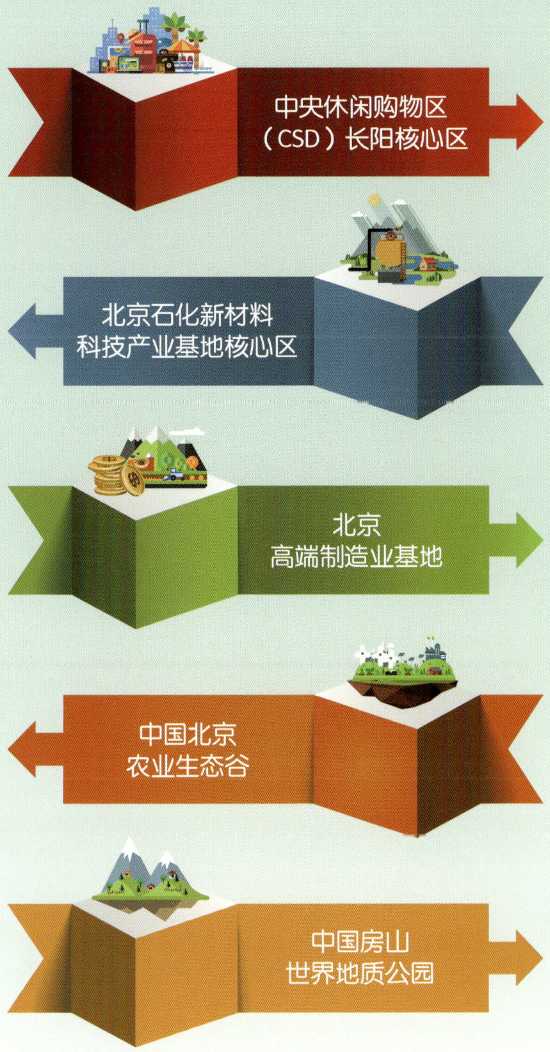

中央休闲购物区（CSD）长阳核心区

落地项目个数
47 个
社会消费品零售总额
19.7 亿元

北京石化新材料科技产业基地核心区

税收
102.4 亿元
落地项目个数
82 个
规模以上工业总产值
692 亿元

北京高端制造业基地

落地项目个数
18 个
新增工业企业总产值
16.9 亿元
新增工业企业
主营业务收入
17.7 亿元

中国北京农业生态谷

落地项目个数
2 个
企业个数
5 个
主营业务收入
5 亿元

中国房山世界地质公园

落地项目个数
10 个
景区旅游营业收入
14007.7 万元
景区旅游接待人数
276.4 万人次
民俗旅游收入
8239.2 万元
民俗旅游户数
2220 户

社会消费品零售总额（亿元）

2014	2015	2016	2017	2018
211.8	230.2	248.5	267.4	252.8

居民人均可支配收入（元）

2015	2016	2017	2018
30656	33322	36289	39391

通州区

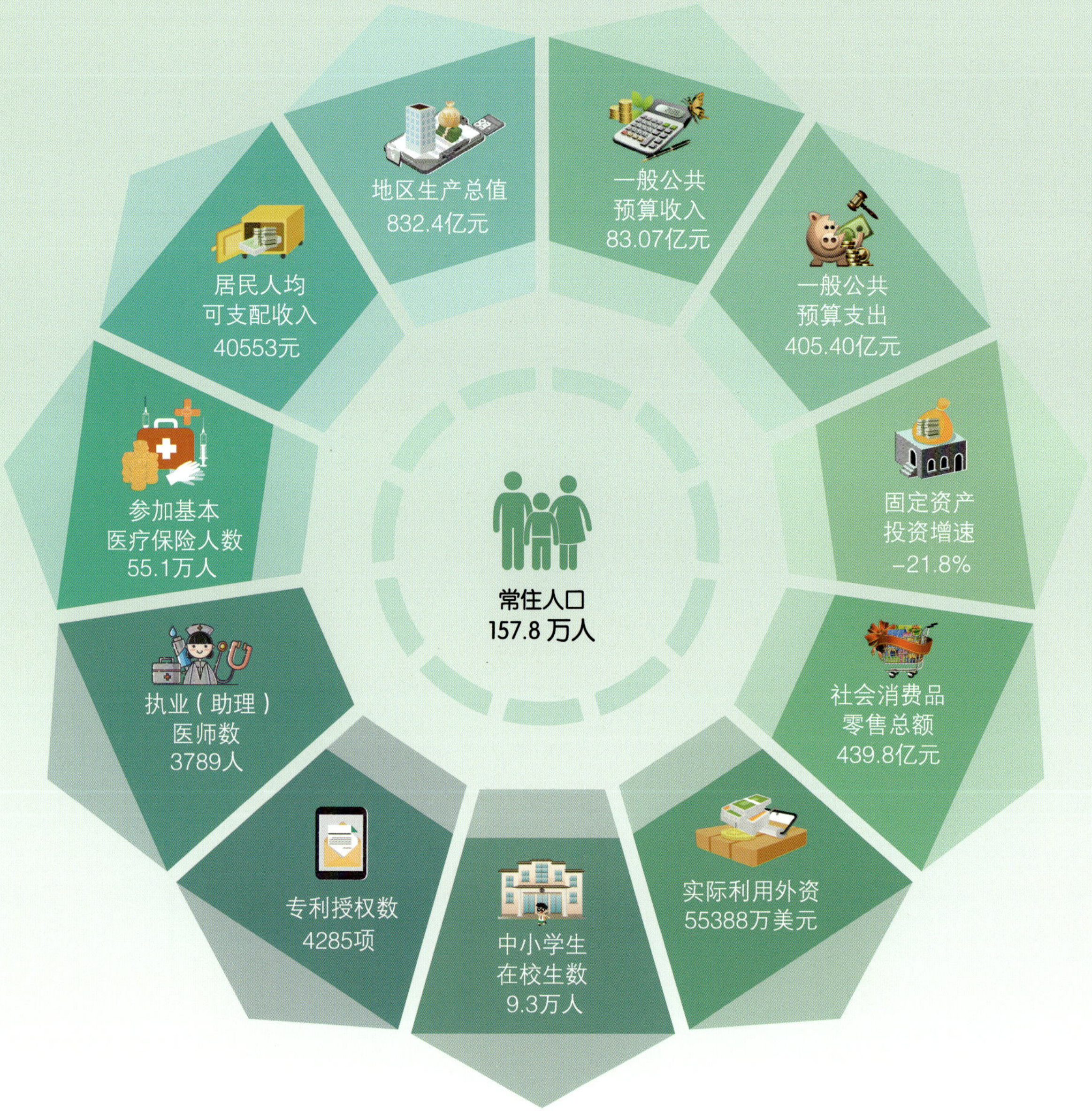

地区生产总值（亿元）

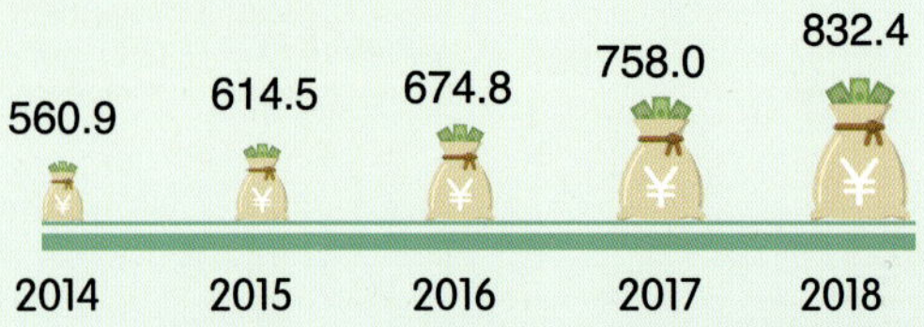

一般公共预算收入（亿元）

2018

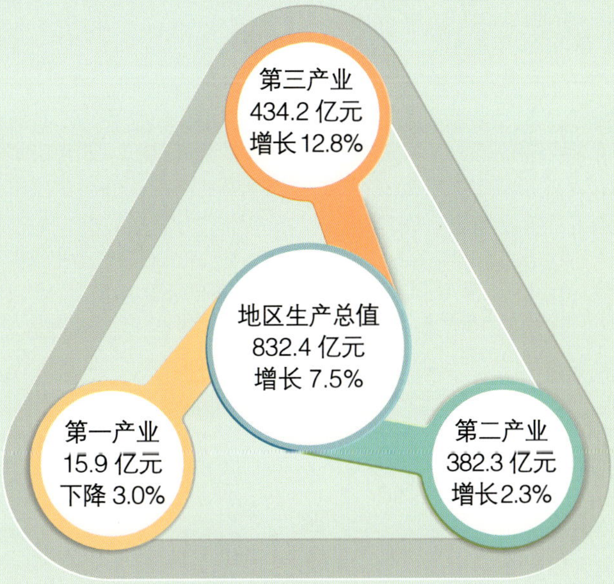

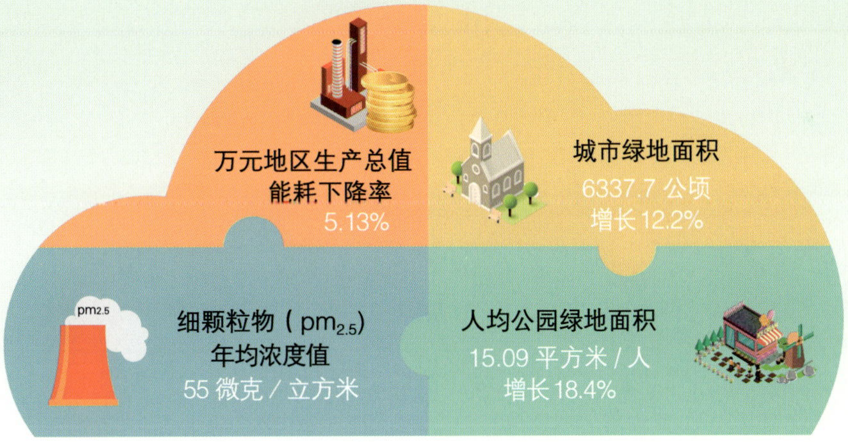

社会消费品零售总额（亿元）

居民人均可支配收入（元）

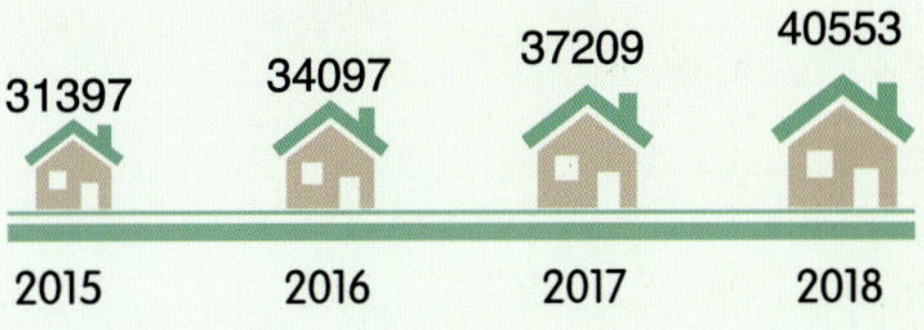

顺义区

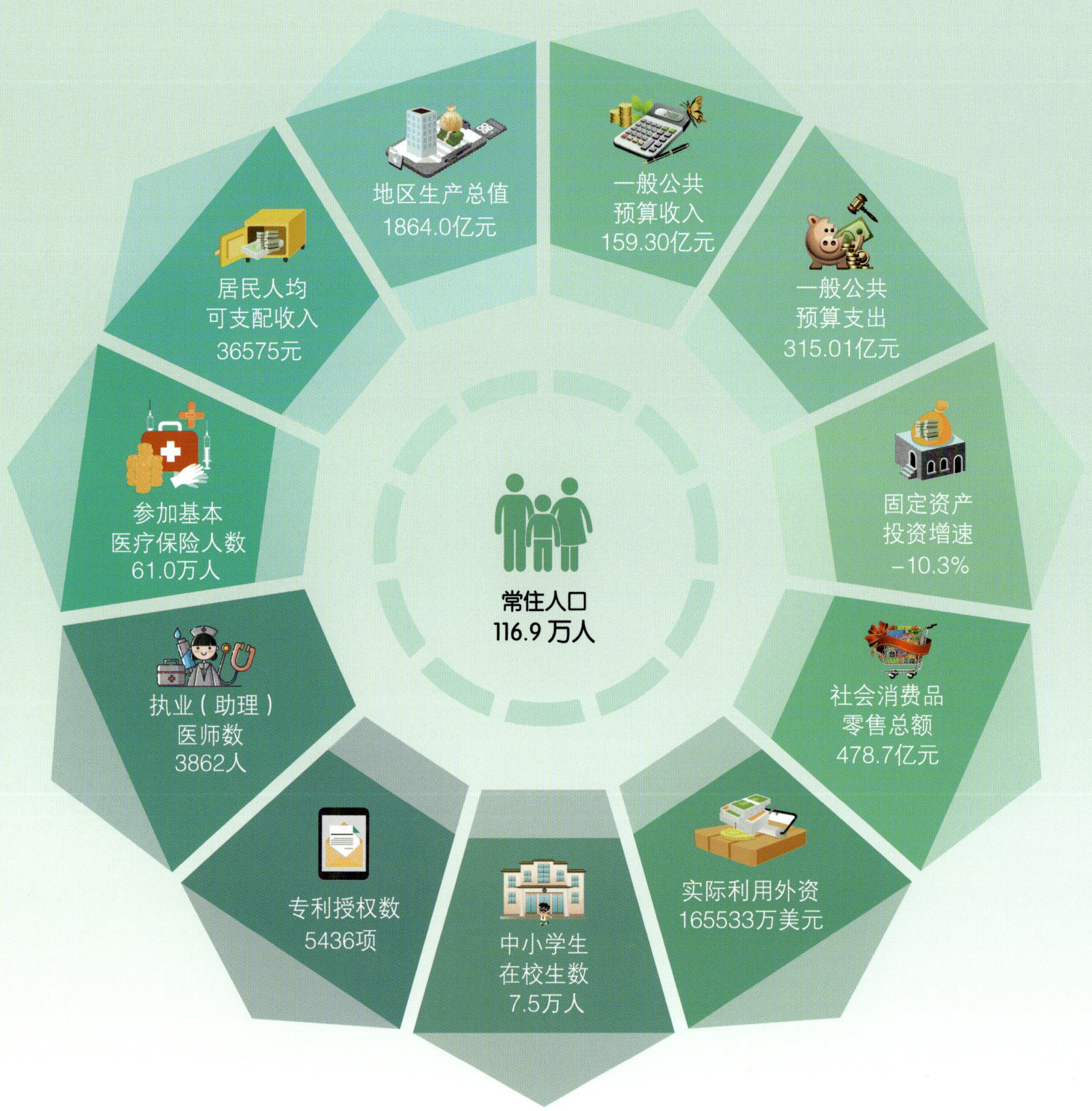
地区生产总值
1864.0亿元
一般公共
预算收入
159.30亿元
一般公共
预算支出
315.01亿元
固定资产
投资增速
-10.3%
社会消费品
零售总额
478.7亿元
实际利用外资
165533万美元
中小学生
在校生数
7.5万人
专利授权数
5436项
执业(助理)
医师数
3862人
参加基本
医疗保险人数
61.0万人
居民人均
可支配收入
36575元
常住人口
116.9 万人

地区生产总值(亿元)
1358.4
1469.4
1591.6
1715.9
1864.0
2014
2015
2016
2017
2018

一般公共预算收入(亿元)
110.62
124.76
137.86
148.88
159.30
2014
2015
2016
2017
2018

2018

交通运输、仓储和邮政业
资产总计 3550.0 亿元
增长 6.0%
营业收入 2065.6 亿元
增长 10.2%
从业人员 11.98 万人
增长 0.8%

道路运输业
资产总计 150.3 亿元
增长 4.0%
营业收入 155.8 亿元
增长 8.8%
从业人员 1.57 万人
下降 3.3%

航空运输业
资产总计 2973.3 亿元
增长 5.1%
营业收入 1358.1 亿元
增长 10.2%
从业人员 6.83 万人
增长 4.4%

邮政业
资产总计 79.6 亿元
增长 14.6%
营业收入 132.2 亿元
增长 11.2%
从业人员 2.13 万人
增长 1.2%

社会消费品零售总额（亿元）

2014	2015	2016	2017	2018
376.7	410.0	443.0	474.2	478.7

居民人均可支配收入（元）

2015	2016	2017	2018
28257	30808	33568	36575

昌平区

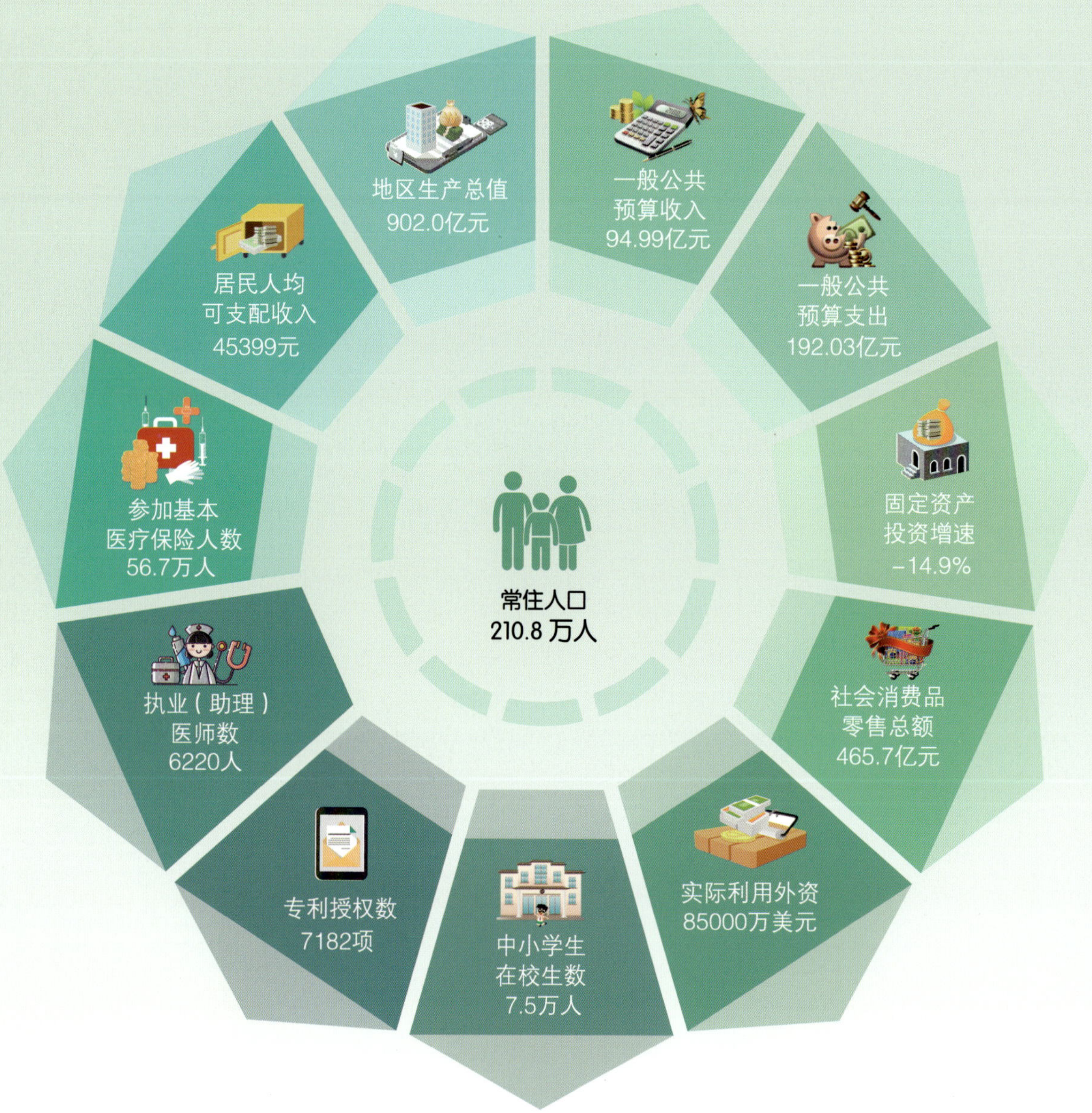

地区生产总值（亿元）

一般公共预算收入（亿元）

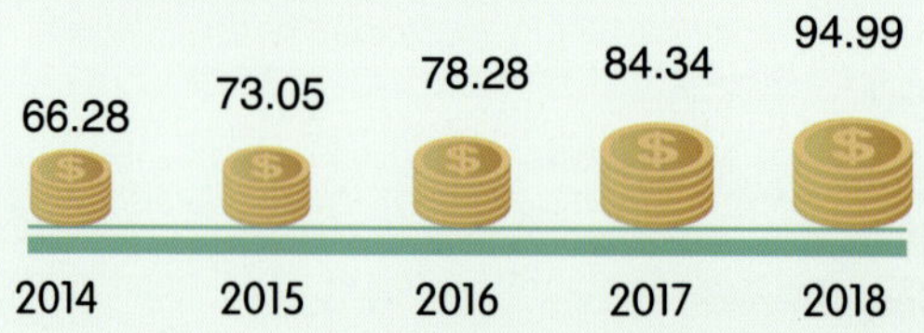

2018

2018 年中关村科技园区
昌平园总收入
4286.3 亿元
增长
8.4%

01
技术收入
266.0 亿元
增长
12.4%

02
外商实际投资
2244 万美元
增长
2.8%

03
应缴税金总额
223.7 亿元
增长
52.4%

04
利润总额
324.8 亿元
增长
48.8%

社会消费品零售总额（亿元）

2014	2015	2016	2017	2018
368.7	395.9	422.7	452.1	465.7

居民人均可支配收入（元）

2015	2016	2017	2018
35306	38350	41632	45399

大兴区

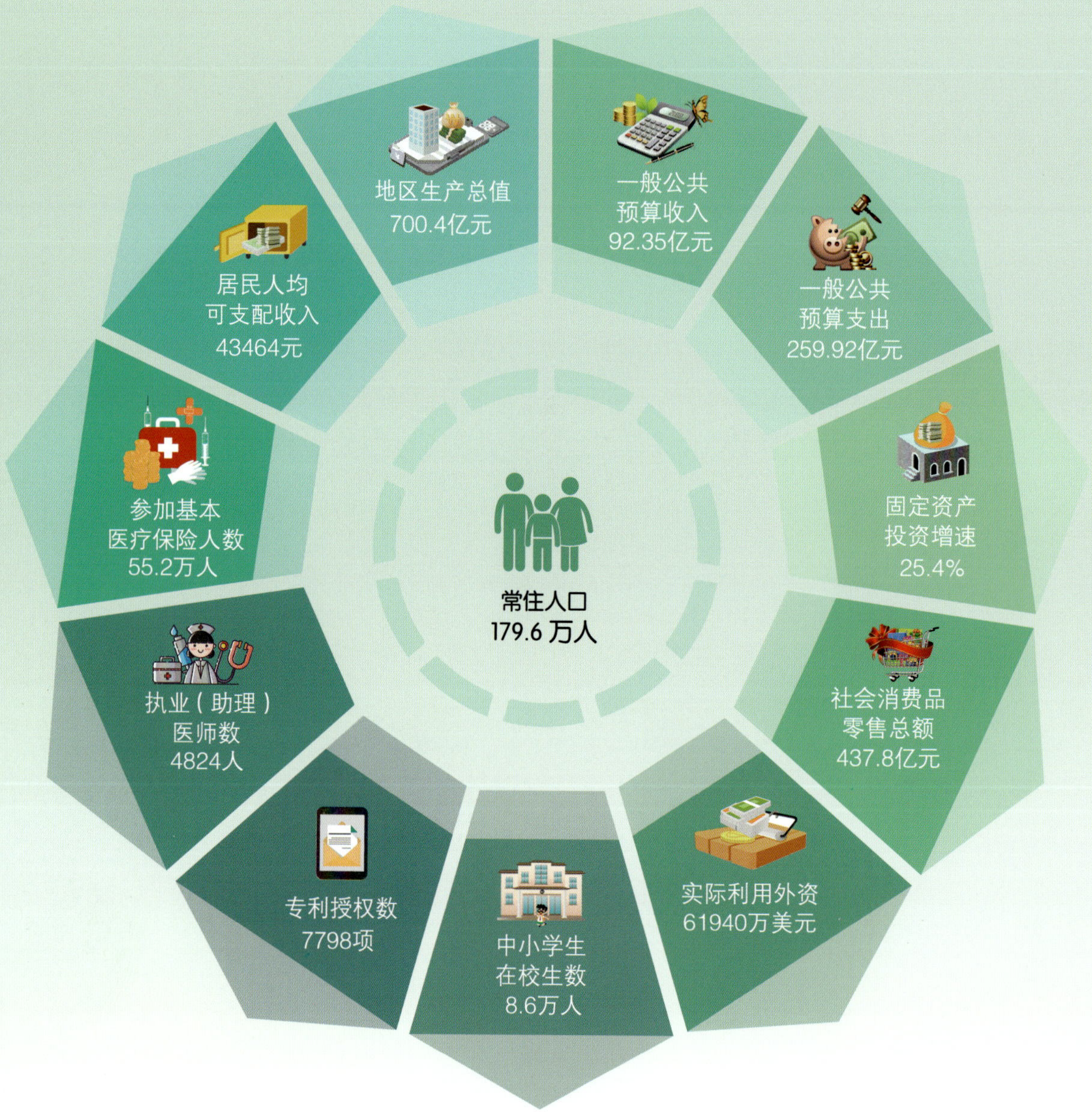

地区生产总值（亿元）

一般公共预算收入（亿元）

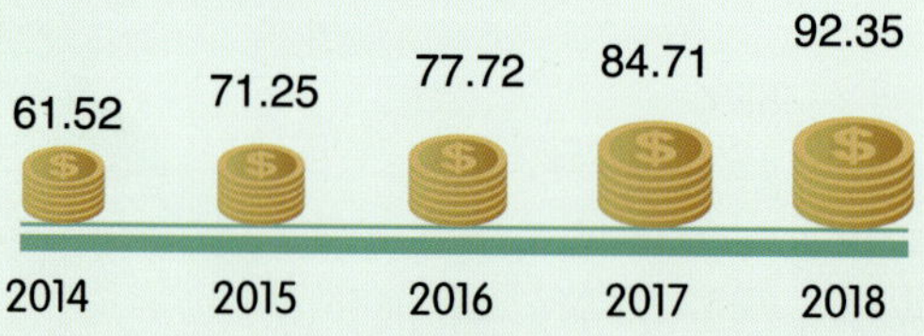

2018

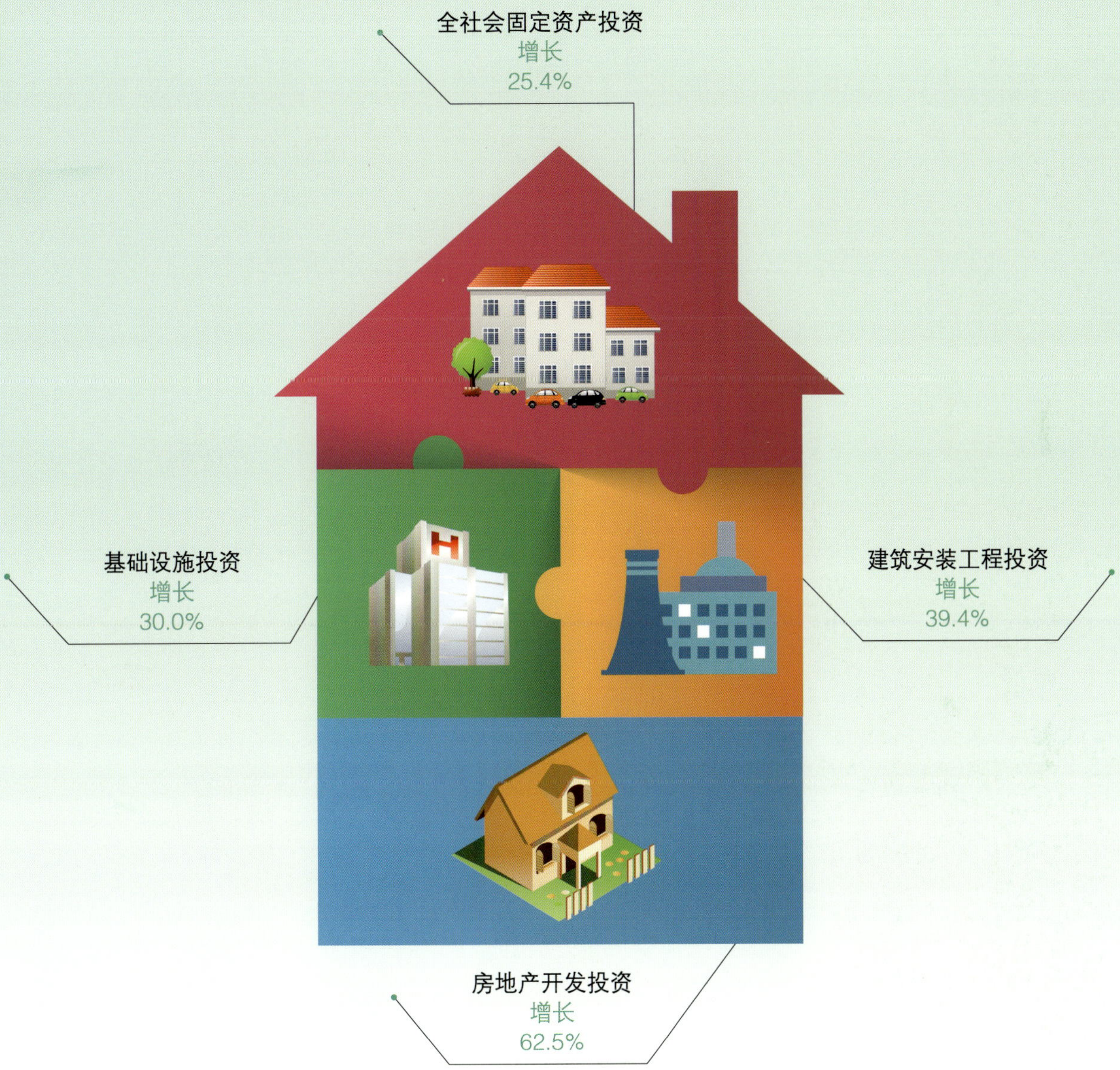

社会消费品零售总额（亿元）

居民人均可支配收入（元）

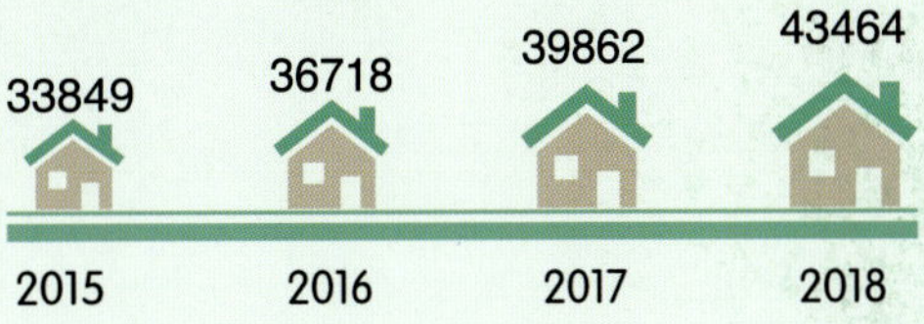

怀柔区

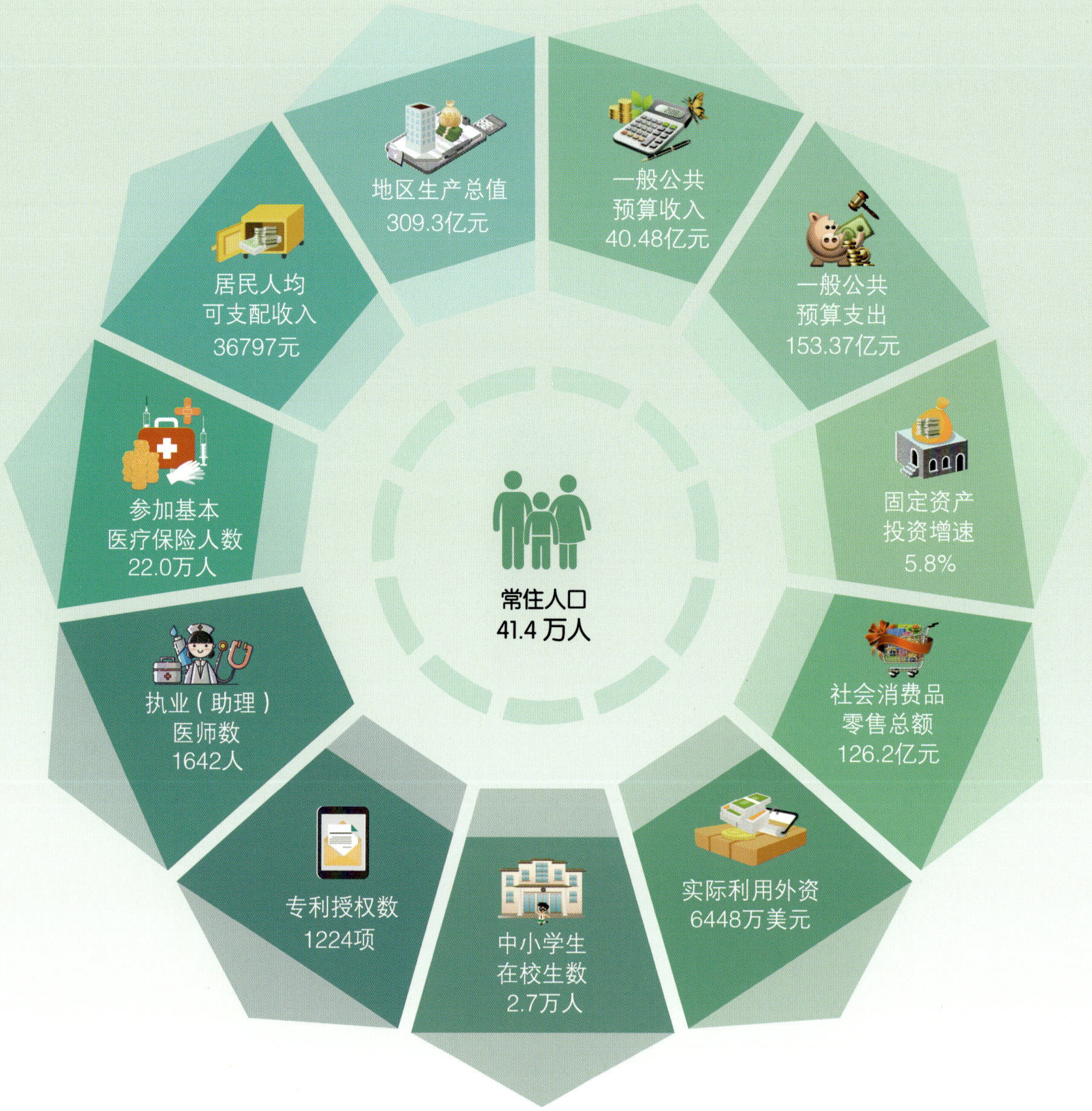

地区生产总值（亿元）

2014	2015	2016	2017	2018
222.7	240.6	259.4	285.8	309.3

一般公共预算收入（亿元）

2014	2015	2016	2017	2018
30.34	33.38	35.65	37.98	40.48

2018

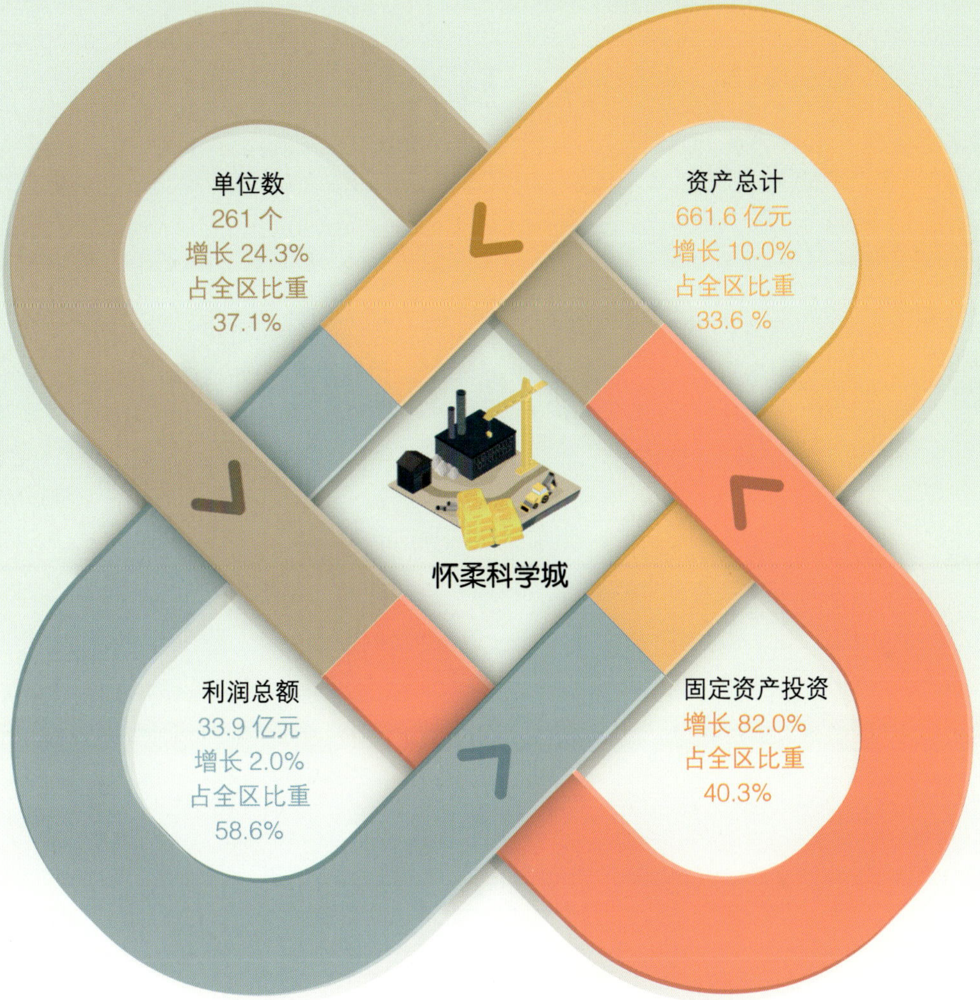

社会消费品零售总额（亿元）

居民人均可支配收入（元）

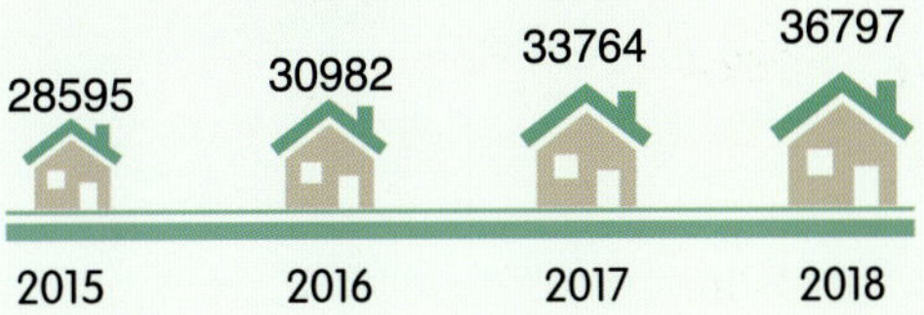

平谷区

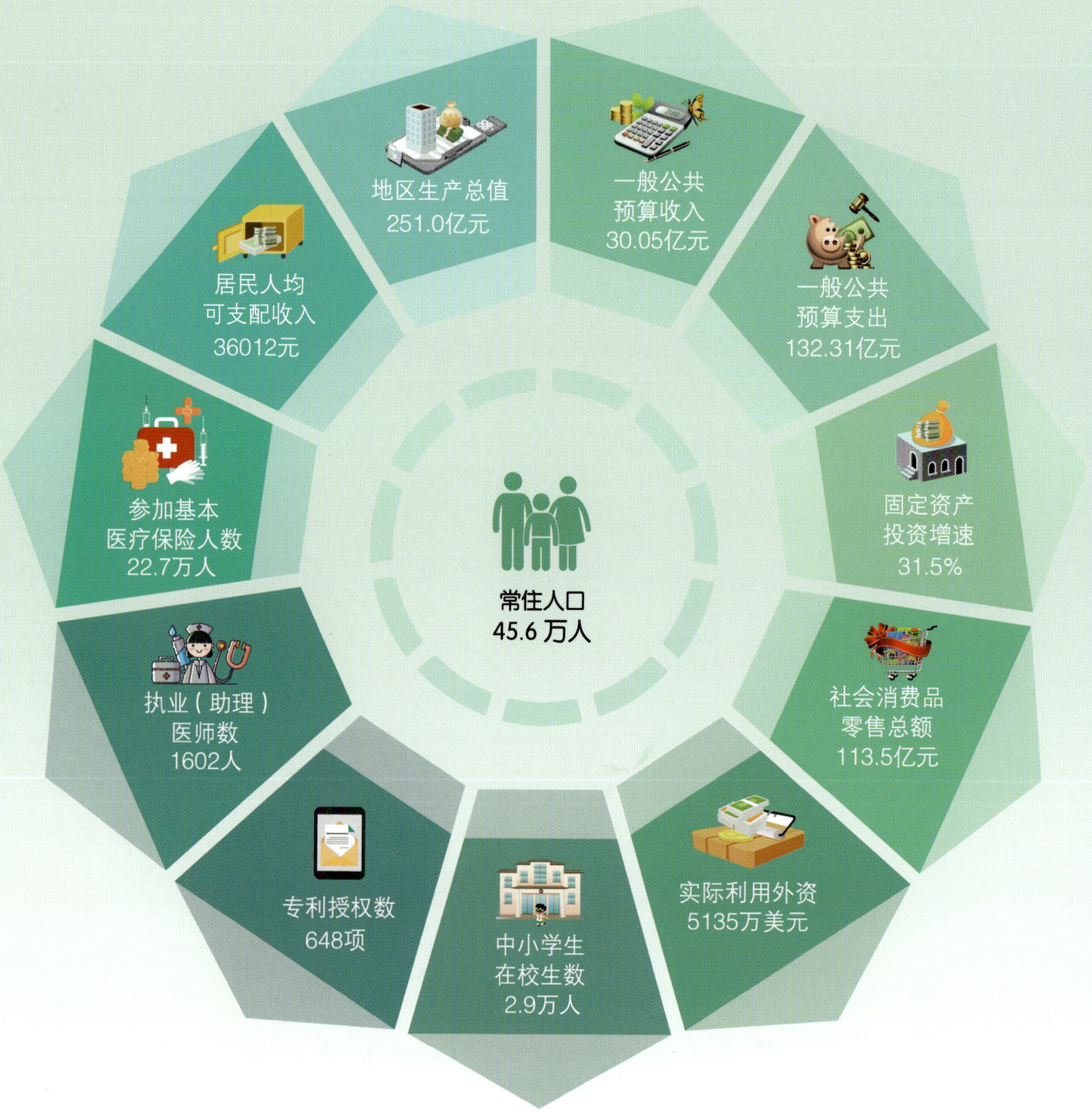

地区生产总值（亿元）

一般公共预算收入（亿元）

2018

森林覆盖率
67.2%

细颗粒物（$PM_{2.5}$）平均浓度
47.0 微克 / 立方米
下降 20.3%

林业产值
5.9 亿元
增速 171.2%

居民人均可支配收入
36012 元 增速 7.8%

低收入农户人均可支配收入
11898 元 增速 17.5%

规模以上工业战略性新兴产业产值
20.6 亿元 增速 4.0%

规模以上工业高技术制造业产值
20.7 亿元 增速 4.4%

社会消费品零售总额（亿元）

2014	2015	2016	2017	2018
84.4	92.3	100.2	107.3	113.5

居民人均可支配收入（元）

2015	2016	2017	2018
28367	30768	33414	36012

密云区

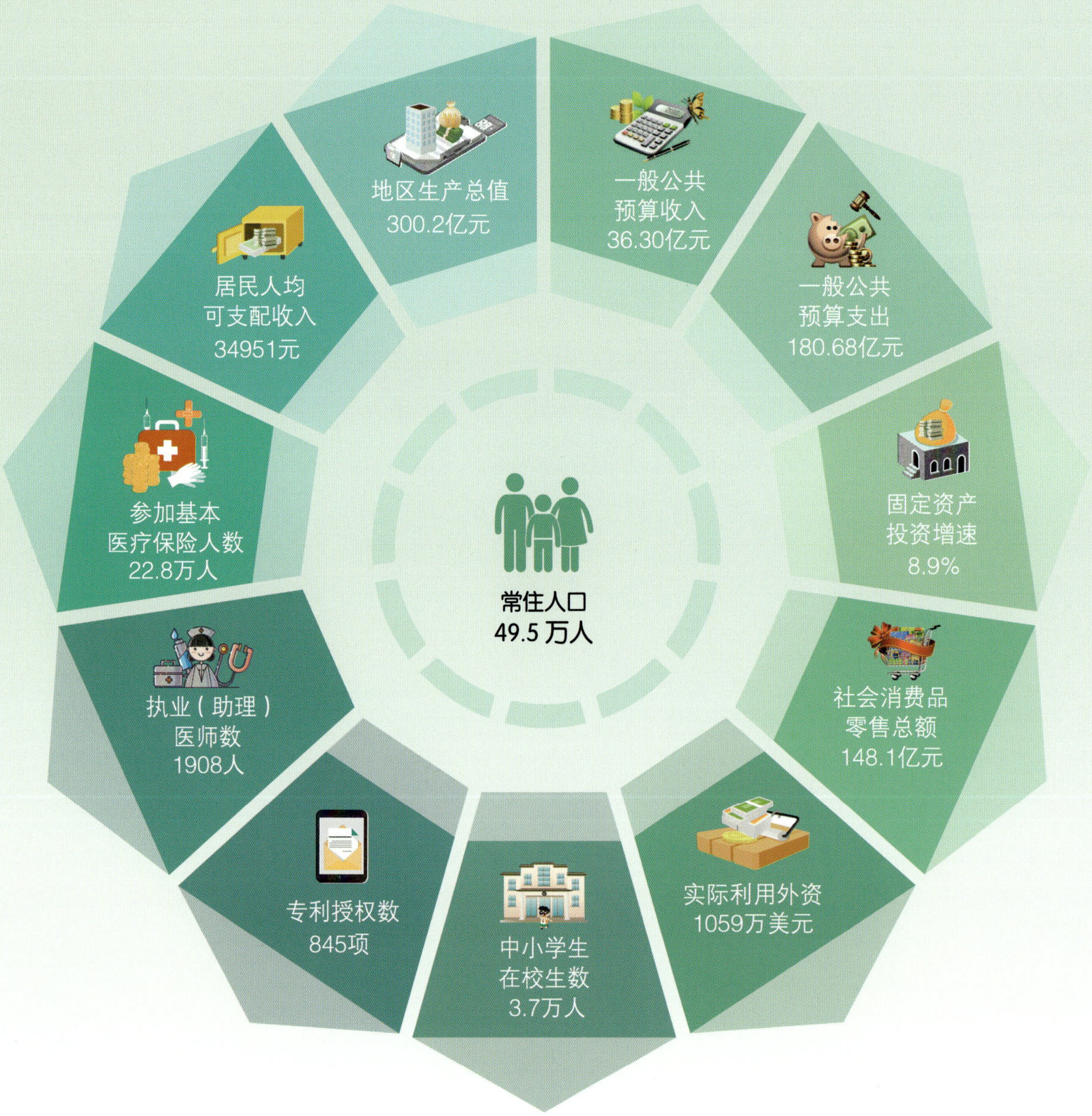

地区生产总值（亿元）

一般公共预算收入（亿元）

2018

林木绿化率	森林覆盖率	细颗粒物（$PM_{2.5}$）年均浓度值
73.25%	65.05%	46 微克 / 立方米
比上年提高 0.12 个百分点	比上年提高 0.29 个百分点	比上年下降 8%

万元地区生产总值能耗
下降率
4.9%

社会消费品零售总额（亿元）

2014	2015	2016	2017	2018
110.7	120.1	129.8	139.0	148.1

居民人均可支配收入（元）

2015	2016	2017	2018
27259	29490	32165	34951

延庆区

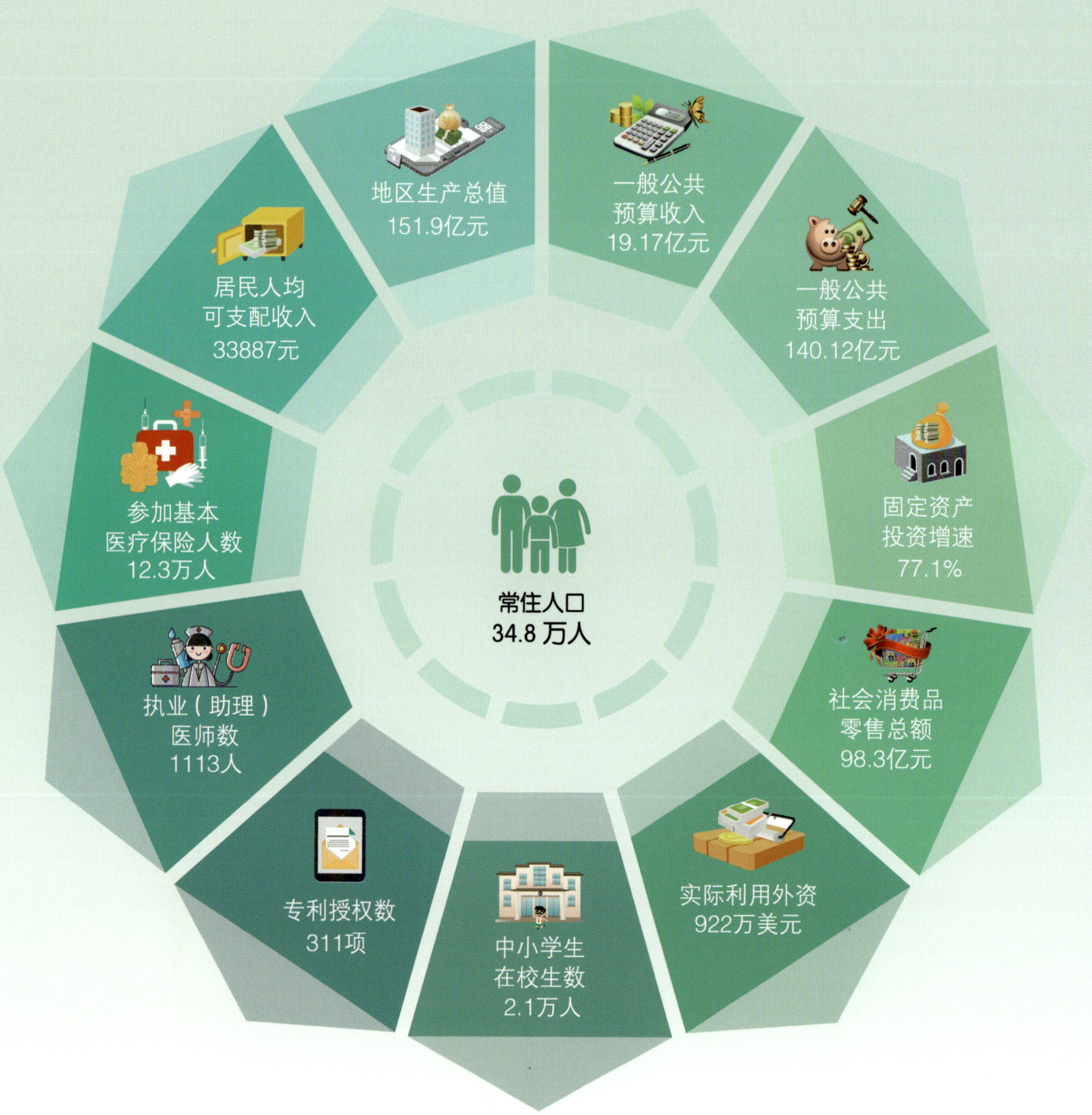

地区生产总值（亿元）

一般公共预算收入（亿元）

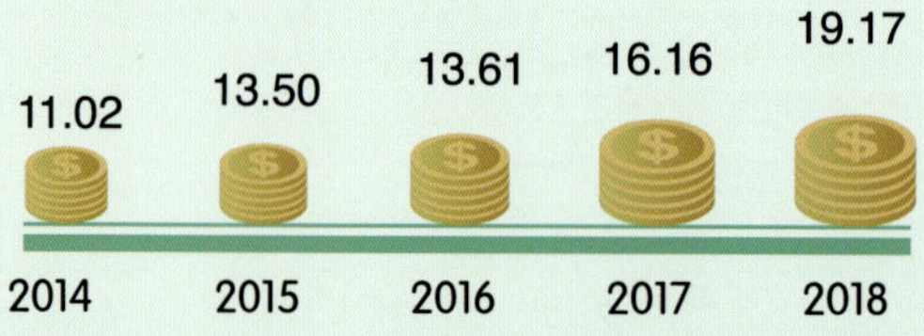

社会消费品零售总额（亿元）

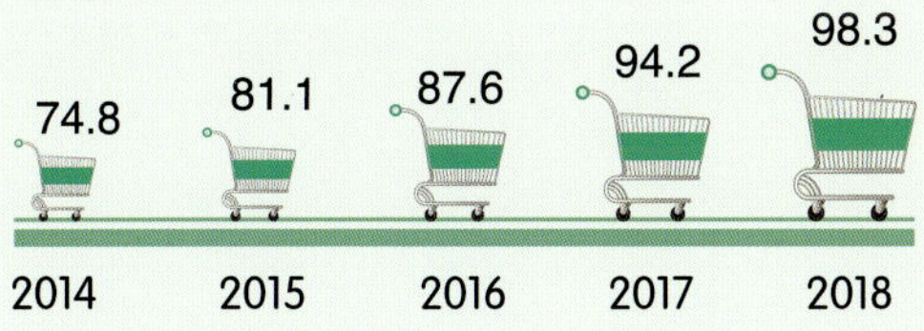

居民人均可支配收入（元）

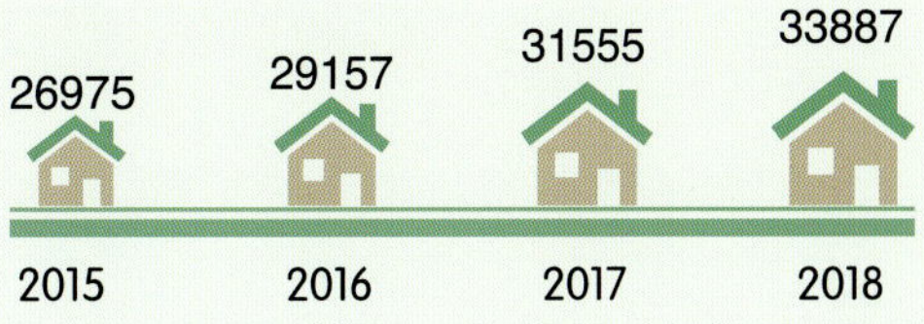

《北京区域统计年鉴 2019》编辑委员会及编辑工作人员

编委会

主　　任： 蒋力歌 徐荣华

副 主 任： （以姓氏笔画为序）

王　军 卞　晶 孙晓冬 李　萍 吴万标 沈　青 宋建国 张铁军
庞江倩 孟素洁 赵玉旺 夏庆德 夏沁芳 董雅秀 虞京平

编辑委员： （以姓氏笔画为序）

王　斌 王　滨 王乐强 王守琪 王铁梅 石平平 巩红卫 朱燕南
仲长远 李文清 肖　楠 何建红 沈向东 张小洁 张培农 岳卫红
周　冲 周锐（能源处） 郑艳丽 赵桂林 赵　威 郭翰超

编辑工作人员

总 编 辑： 庞江倩

执行编辑： 李晓敏 刘红红

编辑人员： （以姓氏笔画为序）

丁海峰 于　震 于丽君 于京扬 万梦珺 王　戈 王　军 王　玚
王　鑫 王小园 王义龙 王玉涛 王顺昌 王艳艳 王露晓 方秀玉
孔　雷 代贵禄 朱瑾彤 任全璐 任剑锋 许姝明 那　娜 孙　倩
杜　鹃 李贝贝 李兴旺 李珊珊 杨　爽 杨东谕 杨朝宇 肖玉清
肖京涛 吴　琼 吴寅洁 何　侃 张　文 张　琳 张红阳 张娇娇
张铭睿 张　楠 陈　倩 陈　缇 陈舜祥 武睿琦 林　月 周　鑫
郑晓光 郑　莹 郑瑞芳 侯　蕊 侯小童 单文静 赵　明 姜　虹
洪丽丽 秦　敏 秦丽媛 贾晓楠 贾　薇 高　楠 高方圆 黄玉翠
崔　佳 崔　霞 康　斌 董　智 韩　康 韩佳颖 樊　荣 藏　克
魏　爽 魏　瑶

编 辑 说 明

《北京区域统计年鉴 2019》是一部全面、系统反映北京市各区 2018 年经济社会发展状况的年度资料，同时收录了四大直辖市、全国主要经济区域 2018 年经济社会主要指标数据。

1. 全书共包括 8 个部分，分别为：北京概览、分区历史数据、北京各区概览、开发区、高端产业功能区、四大直辖市、全国主要经济区域、北京与全国对比。

2. 分区资料除特殊说明外，全部为“在地”（即：法人经营地）口径。受统计口径和资料来源不同等因素影响，书内所列分区数据可能与区统计部门编印的统计资料不同，请读者在使用时加以注意。分区资料中若未单独列出北京经济技术开发区，则其数据包括在大兴区中。

3. 由于 2018 年为第四次全国经济普查年份，普查数据目前尚未发布，因此书中 2018 年地区生产总值、能源、投资、工业、建筑业、文化产业、批发和零售业、住宿和餐饮业、开发区等相关数据为年度初步统计数据，还有部分指标暂无 2018 年数据，最终年度数据将在下一年出版的区域统计年鉴中发布。

4. 数据资料来源均在表下进行了注明，未注明资料来源的分区数据均由北京市统计局、国家统计局北京调查总队提供；全国及外省市统计资料摘自《中国统计年鉴》及相关省市统计年鉴，具体数据来源请参阅各章简要说明。

5. 书中使用的符号说明：“…”表示数据不足本表最小单位；“空格”表示该项指标数据不详或没有数据；“#”表示其中项目；“‖”表示不在同一分组类中的其中项。

6. 本书配有电子光盘，具有数据加工等功能。

目　录

第一章　北京概览

第二章　分区历史数据

第三章 北京各区概览

第八章　北京与全国对比

附录　指标解释

2019
北京区域统计年鉴

第一章

BEIJING AREA
STATISTICAL YEARBOOK

北京概览

简要说明

一、本章资料的主要内容

本章主要包括反映北京市经济社会发展的主要总量、速度、结构、效益指标及“十三五”时期监测指标等。

二、本章资料的数据来源

北京市经济社会主要指标及“十三五”时期主要监测指标资料由北京市统计局根据相关资料整理。

三、有关统计标准变化和数据调整的说明

为更好地反映我国三次产业的发展情况，满足国民经济核算、服务业统计及其他统计调查对三次产业划分的需求，根据《国民经济行业分类》（GB/T 4754—2011），国家统计局对2003年《三次产业划分规定》进行了修订。

根据国家统计局要求，自2015年起北京按照城乡住户调查一体化改革后新口径发布全市和分城乡的居民收支数据，增长速度为同口径增速。

2016年按照国家统计局统一部署，开始实施地区研发支出核算方法改革,并对全市1996年以来地区生产总值进行了调整。

1-1 “十三五”时期经济社会发展主要监测指标

项　　目		“十三五”时期监测发展目标	2018
常住人口规模	(万人)	<2300	2154.2
用水总量	(亿立方米)	<43	39.3
森林覆盖率	(%)	44.0	43.5
生活垃圾无害化处理率	(%)	>99.8%	99.9
全市污水处理率	(%)	＞95%	93.4
全市居民人均可支配收入实际增长	(%)	与经济增长同步	6.3
城镇登记失业率	(%)	控制在4%以内	1.40
重点食品安全监测抽检合格率	(%)	达到98%以上	98.69
药品抽验合格率	(%)	达到99%以上	99.78
亿元地区生产总值生产安全事故死亡率	(人/亿元)	累计降低20%	0.017
地区生产总值增速	(%)	年均增长6.5%	6.6
社会劳动生产率	(万元/人)	达到23	24.4
第三产业占地区生产总值比重	(%)	>80%	81.0
全社会研究与试验发展经费支出占地区生产总值的比例	(%)	6%左右	6.17
服务贸易总额	(亿美元)	达到2000亿美元	1606.19
万元地区生产总值能耗降低	(%)	达到国家要求	3.82
万元地区生产总值水耗降低	(%)	累计降低15%	6.68

1-2 主要年份国民经济和社会发展总量与速度指标

项 目		总量指标				
		1990	1995	2000	2005	2010
人口与就业						
年末常住人口	(万人)	1086.0	1251.1	1363.6	1538.0	1961.9
#城镇人口	(万人)	798.0	946.2	1057.4	1286.1	1686.4
年末户籍人口	(万人)	1032.2	1070.3	1107.5	1180.7	1257.8
从业人员年末人数	(万人)	627.1	665.3	619.3	878.0	1031.6
城镇单位在岗职工平均工资	(元)	2653	8144	15726	34191	65683
年末实有城镇登记失业人员	(万人)	1.67	2.19	3.32	10.57	7.73
国民经济核算						
地区生产总值	(亿元)	500.8	1507.7	3212.8	7141.4	14441.6
人均地区生产总值	(元)	4635	12690	24518	47127	75573
价格指数(上年=100)						
居民消费价格指数	(%)	105.4	117.3	103.5	101.5	102.4
工业生产者出厂价格指数	(%)	107.9	107.3	102.5	101.3	102.2
人民生活						
全市居民人均可支配收入	(元)					
全市居民人均消费支出	(元)					
财 政						
一般公共预算收入	(亿元)			345.0	919.2	2353.9
一般公共预算支出	(亿元)			443.0	1058.3	2717.3
能源、资源和环境						
能源消费总量	(万吨标准煤)	2709.7	3533.3	4144.0	5049.8	6359.5
水资源总量	(亿立方米)				23.2	23.1
城市绿化覆盖率	(%)	28.0	32.7	36.5	42.0	45.0
城市公用事业						
全社会用电量	(亿千瓦时)	150.5	222.6	384.4	570.5	809.9
自来水销售总量	(亿立方米)	5.3	6.8	7.5	7.2	8.9
居民燃气用户	(万户)	176.1	219.8	291.9	462.6	634.2
公共交通客运量	(亿人次)	33.5	37.2	40.7	51.8	69.0
污水处理率	(%)	7.3	19.4	39.4	62.4	81.0

注：1.地区生产总值绝对值按现价计算，发展速度按可比价格计算；2006-2010年人均地区生产总值根据第六次全国人口普查数据进行了修订。
2.北京地区用电量来源于北京市电力公司，2000年以前工业用电量不包含输配损失和发电企业自产自用电量。
3.从2001年开始，有关职工的指标调整为在岗职工的指标。2007年及以前城镇单位在岗职工工资包括乡及乡以上独立核算法人单位，不包括乡镇企业、私营单位和个体工商户；2008年及以后包括乡镇企业。

1-2 续表1

2015	2018	速度指标(%)					
		指 数(2018年为以下各年)					
		1990	1995	2000	2005	2010	2015
2170.5	2154.2	198.4	172.2	158.0	140.1	109.8	99.2
1877.7	1863.4	233.5	196.9	176.2	144.9	110.5	99.2
1345.2	1375.8	133.3	128.5	124.2	116.5	109.4	102.3
1186.1	1237.8	197.4	186.1	199.9	141.0	120.0	104.4
113073	149843	5648.1	1839.9	952.8	438.3	228.1	132.5
9.2	10.2	613.2	467.6	308.4	96.9	132.5	111.8
23685.7	30320.0	1539.1	879.9	533.9	299.6	175.4	121.5
109603.0	140211.0	771.2	485.2	324.3	210.3	155.2	121.5
101.8	102.5						
96.9	100						
48458.0	62361.0	3581.9	1133.6	675.7	370.0	213.4	128.7
33803.0	39843.0	2711.7	912.7	521.2	299.8	182.5	117.9
4723.9	5785.9						
5737.7	7471.4						
6852.6							
26.8	35.5	96.1	117.0	209.8	152.8	153.5	132.3
48.4	48.4						
952.7	1142.4	759.2	513.2	297.2	200.2	141.1	119.9
10.4	11.6	219.8	170.7	153.7	161.8	129.9	111.4
885.7	926.4	526.1	421.5	317.4	200.3	146.1	104.6
73.8	70.4	210.3	189.4	173.1	135.9	102.0	95.3
87.9	93.4						

1-2 续表2

项目		总量指标				
		1990	1995	2000	2005	2010
固定资产投资						
全社会固定资产投资	(亿元)	179.2	841.5	1297.4	2827.2	5493.5
#基础设施投资	(亿元)	31.6	156.1	351.9	610.7	1403.5
#房地产开发投资	(亿元)	22.5	352.8	522.1	1525.0	2901.1
对外经济贸易						
北京地区进出口总值	(亿美元)	236.4	370.4	494.0	1255.1	3016.6
北京地区进出口总值	(亿元)		3108.2	4090.1	10331.9	20478.2
实际利用外商直接投资额	(亿美元)	2.8	14.0	24.6	35.3	63.6
农　业						
农林牧渔业总产值(现价)	(亿元)	70.2	164.4	188.6	239.3	328.0
工　业						
规模以上工业总产值	(亿元)	625.9	1493.3	2842.0	6946.2	13699.8
规模以上工业企业主要经济指标						
资产总计	(亿元)	498.3	2582.6	4612.7	12829.8	22750.6
负债总额	(亿元)		1528.8	2676.4	4706.7	11548.1
主营业务收入	(亿元)	610.5	1590.4	2821.4	7279.1	14807.1
利润总额	(亿元)	48.9	85.3	127.1	413.5	1028.3
建筑业						
建筑业总产值	(亿元)	94.7	426.6	812.5	1894.0	5196.0
建筑业企业年末从业人员	(万人)	60.2	82.6	56.6	67.2	59.9
交通运输邮电业						
运　输						
货物周转量	(亿吨公里)	268.8	323.1	299.6	457.7	513.7
旅客周转量	(亿人公里)	119.8	207.7	314.0	838.1	1399.5
邮　电						
邮电业务总量	(亿元)	11.9	56.1	214.7	413.0	1108.9
固定电话用户	(万户)	33.3	150.5	451.2	943.5	885.6
移动电话用户	(万户)	0.3	16.9	347.2	1459.8	2129.8
批发和零售业、住宿和餐饮业						
社会消费品零售总额	(亿元)	345.1	950.4	1658.7	2911.7	6340.3
旅游业						
接待入境旅游者人数	(万人次)	100.0	207.0	282.1	362.9	490.1
旅游外汇收入	(亿美元)	6.6	21.8	27.7	36.2	50.4

注：1.从2011年起，根据国家统计局相关规定，固定资产投资起点由50万元调整至500万元。

2.工业总产值按现价计算。

3.邮电业务总量2000年及以前按1990年不变价格计算，2001-2010年按2000年不变价格计算，2011-2016年按2010年不变价格计算，2017年邮政业务量按2010不变价计算、电信业务量按2015年不变价格计算。

4.社会消费品零售总额2010年数据根据第三次全国经济普查数据进行了修订。

1-2 续表3

2015	2018	速度指标(%)					
		指 数(2018年为以下各年)					
		1990	1995	2000	2005	2010	2015
7990.9							
2174.5							
4226.3							
3194.2	4124.3	1744.3	1113.6	834.9	328.6	136.7	129.1
19827.7	27182.5		874.6	664.6	263.1	132.7	137.1
130.0	173.1	6250.4	1234.1	704.3	490.9	272.0	133.2
368.2	296.8	422.8	180.5	157.4	124.0	90.5	80.6
17449.6	19212.9	3069.6	1286.6	676.0	276.6	140.2	110.1
38609.8	48009.5	9634.7	1859.0	1040.8	374.2	211.0	124.3
18102.4	21437.1		1402.2	801.0	455.5	185.6	118.4
18864.9	21435.7	3511.4	1347.8	759.8	294.5	144.8	113.6
1597.7	1530.0	3126.5	1793.8	1203.9	370.0	148.8	95.8
8436.7	10939.8	11552.1	2564.4	1346.4	577.6	210.5	129.7
59.0	53.4	88.7	64.6	94.3	79.5	89.1	90.5
623.7	780.7	290.4	241.6	260.5	170.5	152.0	125.2
1747.7	2220.0	1853.1	1068.8	707.0	264.9	158.6	127.0
991.2	1861.0						
784.7	614.5	1845.6	408.2	136.2	65.1	69.4	78.3
4051.6	4008.8	1336266.7	23720.7	1154.6	274.6	188.2	98.9
10338.0	11747.7	3404.1	1236.1	708.2	403.5	185.3	113.6
420.0	400.4	400.4	193.4	141.9	110.3	81.7	95.3
46.1	55.2	839.5	252.8	199.3	152.4	109.4	119.8

1-2 续表4

项　目		总量指标				
		1990	1995	2000	2005	2010
金融业						
金融机构(含外资)本外币存款余额	(亿元)			11526.0	28969.9	66584.6
金融机构(含外资)本外币贷款余额	(亿元)			6407.9	15335.5	36479.6
原保险保费收入	(亿元)			93.4	498.2	966.5
证券市场交易额	(亿元)		1619.0	14457.0	9322.5	87575.4
科 技						
研究与试验发展经费内部支出	(亿元)			155.7	379.5	821.8
技术合同成交总额	(亿元)	20.3	41.2	140.3	434.4	1579.5
专利授权量	(件)	2268	4025	5905	10100	33511
教 育						
在校学生数	(万人)		238.0	229.9	226.4	330.0
专任教师数	(万人)		17.7	16.7	17.5	20.7
卫生及社会服务						
卫　生						
卫生机构个数	(个)	4953	4955	6176	4818	6539
卫生机构病床数	(万张)	5.9	6.7	7.1	7.9	9.3
卫生技术人员数	(万人)	11.2	11.6	11.6	12.0	17.1
#执业(助理)医师	(万人)	5.1	5.4	5.2	5.1	6.6
注册护师(士)	(万人)	3.5	3.7	4.0	4.3	6.7
婚　姻						
登记结婚对数	(万对)	9.3	8.6	8.0	9.7	13.8
离婚对数	(万对)	1.5	2.0	2.7	3.4	4.4
文 化						
公共图书馆总藏数	(万册、万件)	2205	2629	3020	3626	4613
博物馆及其他文物保护机构	(个)		51	53	73	79
电影放映场次	(万场次)	20.7	9.2	12.2	22.6	74.3
图书出版种数	(万种)	2.7	3.9	5.8	10.8	15.5
社会保障						
参加企业职工基本养老保险人数	(万人)		261.1	391.6	520.0	982.5
参加职工基本医疗保险人数	(万人)				574.8	1063.7

注：1.离婚对数包括在民政部门登记的对数和经法院调离和判离的对数。

2.2010年及以前，本表中卫生机构数据都不包含村卫生室及驻京部队医院情况。2011年开始，包含村卫生室情况。2012年开始，卫生机构数、卫生技术人员数据中包含驻京部队医院，床位数不包含。

3.“博物馆及其他文物保护机构”数据为北京市文物局系统内数据。

4.按照国家知识产权局相关要求，2017年对专利相关数据的统计范围进行调整。

1-2 续表5

		速度指标(%)					
2015	2018	指 数(2018年为以下各年)					
		1990	1995	2000	2005	2010	2015
128573.0	157092.2			1362.9	542.3	235.9	122.2
58559.4	70483.7			1099.9	459.6	193.2	120.4
1403.9	1793.3			1919.2	360.0	185.6	127.7
918064.8	911465.7			6189.0	7049.2	703.9	99.3
1384.0	1870.8			1201.5	492.9	227.6	135.2
3452.6	4957.8	24458.8	12042.3	3534.0	1141.3	313.9	143.6
94031	123496	5445.1	3068.2	2091.4	1222.7	368.5	131.3
373.4	408.3		171.6	177.6	180.4	123.8	109.3
22.6	24.2		136.9	144.7	138.5	117.0	106.9
10425	11100	224.1	224.0	179.7	147.3	116.7	106.5
11.2	12.4	209.2	184.5	173.4	156.2	133.0	110.7
25.7	28.2	252.4	242.9	243.9	234.4	164.4	109.8
9.6	10.9	214.7	202.1	212.1	214.8	165.3	113.4
11.4	12.4	357.6	336.6	309.7	288.1	183.6	108.1
16.6	13.8	148.2	161.2	171.8	142.1	99.8	83.0
8.2	7.4	504.1	368.8	279.3	217.1	169.1	90.5
5943	6777	307.3	257.8	224.4	186.9	146.9	114.0
77	78	169.6	152.9	147.2	106.8	98.7	101.3
198.1	309.5	1495.2	3364.1	2536.9	1369.5	416.6	156.2
1424.2	1591.5		609.5	406.4	306.1	162.0	111.7
1475.7	1628.9				283.4	153.1	110.4

1-3 主要年份国民经济和社会发展结构指标

单位：%

项 目	1990	1995	2000	2005	2010	2015	2018
人口与就业							
常住人口							
按性别分							
男	50.2	50.1	52.1	50.6	51.6	51.3	50.9
女	49.8	49.9	47.9	49.4	48.4	48.7	49.1
按城乡分							
城 镇	73.5	75.6	77.5	83.6	86.0	86.5	86.5
乡 村	26.5	24.4	22.5	16.4	14.0	13.5	13.5
就 业							
从业人员年末人数							
第一产业	14.5	10.6	11.8	7.1	6.0	4.2	3.7
第二产业	44.9	40.7	33.6	26.3	19.6	17.0	14.7
第三产业	40.6	48.7	54.6	66.6	74.4	78.8	81.6
国民经济核算							
地区生产总值							
第一产业	8.7	4.8	2.5	1.2	0.9	0.6	0.4
第二产业	52.3	42.7	32.4	28.6	23.5	19.7	18.6
第三产业	39.0	52.5	65.1	70.1	75.7	79.7	81.0
人民生活							
城镇居民人均消费支出							
#食品烟酒	54.2	48.5	35.8	29.4	26.8	22.1	20.0
衣 着	14.7	15.1	8.7	8.1	8.5	7.2	5.5
医疗保健	1.4	2.9	7.0	9.8	6.4	6.5	8.1
交通通信	1.5	4.7	7.0	13.1	13.7	13.3	11.7
教育文化娱乐	11.6	10.2	14.8	14.7	11.5	11.0	10.3
农村居民人均消费支出							
#食品烟酒	50.7	49.6	37.5	30.3	26.6	27.7	23.8
衣 着	9.5	10.9	7.0	6.4	5.9	6.3	5.4
医疗保健	3.8	4.8	7.3	9.4	8.4	8.5	9.9
交通通信	1.7	4.1	7.0	11.9	11.7	13.5	15.2
教育文化娱乐	6.6	10.6	13.6	12.9	7.5	7.2	7.1
财 政							
一般公共预算收入							
#增值税			13.3	10.6	8.9	15.2	31.1
个人所得税			16.3	9.2	9.1	10.1	12.6
企业所得税			16.8	17.9	21.8	21.7	22.3

注：1. 自2012年开始，从业人员年末人数和能源消费总量三次产业分组口径根据国家统计局规定进行了调整。
2. 自2013年开始，地区生产总值三次产业分组口径根据国家统计局规定调整，并对2012年以前三次产业数据进行相应调整。

1-3 续表1

单位：%

项　　目	1990	1995	2000	2005	2010	2015	2018
能源消费总量							
第一产业	3.9	3.4	2.5	1.7	1.5	1.2	
第二产业	63.5	65.9	58.5	46.8	37.2	27.8	
第三产业	19.0	17.9	26.1	35.1	41.7	48.3	
生活消费	13.6	12.8	12.9	16.4	19.5	22.7	
投　资							
固定资产投资资金来源							
中央预算资金	25.3	7.7	7.4	2.8	1.2	1.7	3.2
国内贷款	16.7	13.4	26.0	23.2	26.6	22.2	23.1
利用外资	11.2	20.5	3.6	1.6	0.5	0.1	0.3
债券、自筹和其他资金	46.8	58.4	63.0	72.4	71.6	76.0	73.5
对外经济贸易							
海关出口商品(以美元计价)							
#一般贸易		70.6	65.9	54.5	45.0	54.8	75.1
加工贸易		21.3	29.6	39.6	42.1	28.0	8.2
海关进口商品(以美元计价)							
#一般贸易		84.4	87.3	85.2	88.7	85.7	88.2
加工贸易		5.2	3.5	8.2	5.9	7.7	5.1
农　业							
农林牧渔业产值							
农　业	55.6	52.8	46.7	38.0	47.0	42.0	38.6
林　业	1.3	1.7	2.8	5.2	5.1	15.6	32.0
牧　业	39.8	41.8	46.4	50.5	42.6	36.9	24.3
渔　业	3.3	3.7	4.1	3.6	3.5	3.2	2.1
农林牧渔专业及辅助性活动				2.7	1.8	2.3	3.0
工　业							
规模以上工业总产值							
#医药制造业	1.8	1.5	2.1	1.9	2.7	4.2	5.9
汽车制造业	7.8	11.6	3.9	11.8	15.9	22.3	21.1
计算机、通信和其他电子设备制造业	6.0	10.4	32.9	25.6	16.3	12.1	13.1
电力、热力的 生产和供应业	2.6	2.8	2.9	8.6	15.5	23.4	26.0
建筑业							
建筑业总产值							
房屋建筑业						51.3	50.4
土木工程建筑业						32.7	35.9
建筑安装业						7.9	6.5
建筑装饰和其他建筑业						8.1	7.2
交通运输业							
货运量(按运输方式分)							
铁　路	11.4	9.2	8.5	6.1	6.6	4.3	2.3
公　路	87.5	90.4	91.2	92.4	85.1	82.0	80.3
民　航	0.0	0.1	0.1	0.2	0.5	0.7	0.7
管　道	1.0	0.3	0.2	1.2	7.7	13.0	16.7

1-3 续表2

单位：%

项目	1990	1995	2000	2005	2010	2015	2018
客运量(按运输方式分)							
铁路	50.4	45.1	24.2	9.5	6.3	18.3	21.1
公路	46.7	47.7	70.7	85.3	89.7	71.4	65.4
民航	2.9	7.2	5.1	5.2	4.0	10.3	13.5
消费							
社会消费品零售总额							
吃类商品	39.6	42.7	28.4	25.8	21.4	19.0	22.0
穿类商品	13.2	14.6	12.0	9.7	8.8	7.2	6.8
用类商品	44.8	40.8	56.2	56.5	62.4	69.2	66.4
烧类商品	2.4	1.9	3.4	8.1	7.5	4.6	4.8
入境旅游							
接待海外旅游人数							
外国人	63.8	80.4	84.4	85.9	86.0	85.1	84.9
港澳台同胞	34.7	17.5	15.6	14.1	14.0	14.9	15.1
科技							
研究与试验发展(R&D)人员折合全时当量							
基础研究				12.9	15.2	16.8	18.7
应用研究				29.8	27.1	25.1	26.5
试验发展				57.3	57.7	58.1	54.8
研究与试验发展(R&D)经费内部支出							
基础研究				10.1	11.6	13.8	14.8
应用研究				27.8	26.4	23.0	22.1
试验发展				53.1	62.0	63.2	63.1
教育							
在校学生							
#普通本专科		7.7	12.3	23.7	17.5	15.9	14.2
中等教育		35.1	42.3	37.9	22.1	15.7	12.9
小学教育		42.3	32.3	21.8	19.8	22.8	22.4
专任教师							
#高等教育	24.6	22.7	22.2	32.7	35.9	30.3	29.2
中等教育	38.3	38.6	40.5	33.6	29.1	32.0	31.7
小学教育	36.7	37.9	36.8	25.3	23.9	22.1	22.6
卫生							
卫生技术人员							
#执业(助理)医师	45.6	46.7	44.6	42.4	38.6	37.6	38.8
注册护士	31.0	31.7	34.5	35.7	39.3	44.6	43.9

1-4 国民经济和社会发展比例和效益指标

项　　目		2018	2017
人口与就业			
出生率(常住人口)	(‰)	8.24	9.06
死亡率(常住人口)	(‰)	5.58	5.30
自然增长率(常住人口)	(‰)	2.66	3.76
少儿抚养比(常住人口)	(%)	13.44	13.27
老年抚养比(常住人口)	(%)	14.32	13.92
城镇登记失业率	(%)	1.40	1.43
国民经济核算			
人均地区生产总值	(元)	140211	128994
社会劳动生产率	(元/人)	244067	227131
第一产业	(元/人)	25197	24472
第二产业	(元/人)	301192	276136
第三产业	(元/人)	243661	227647
人民生活			
城镇与农村居民人均可支配收入比例			
(以农村居民收入为1)		2.57	2.57
能源消费			
能源消费弹性系数		0.39	0.36
电力消费弹性系数			0.68
万元地区生产总值能耗(可比价)	(吨标准煤)	0.254	0.264
万元地区生产总值水耗(现价)	(立方米)	12.96	14.10
对外经济贸易			
进出口总值与地区生产总值之比(按人民币计算)	(%)	89.65	78.26

1-4 续表

项　　目		2018	2017
工 业			
资产负债率	(%)	44.65	44.95
流动资产周转率	(次)	1.24	1.20
成本费用利润率	(%)		10.38
全员劳动生产率	(元/人)		402480
建筑业			
产值竣工率	(%)	40.9	42.0
面积竣工率	(%)	13.6	15.1
邮电通信业			
移动电话普及率	(户/百人)	186.1	172.9
固定电话主线普及率	(线/百人)	28.5	29.9
科 技			
研究与试验发展经费内部支出			
相当于地区生产总值比例	(%)	6.17	5.64
教 育			
平均每一专任教师负担学生数			
#普通中学	(人)	7.9	7.7
小学学校	(人)	13.9	13.6
文 化			
每万人拥有公共图书馆	(个)	0.01	0.01
每万人拥有博物馆	(个)	0.08	0.08
卫 生			
平均每千人口医院床位数（常住人口）	(张)	5.40	5.23
平均每千人口拥有执业(助理)医师数（常住人口）	(人)	5.08	4.87

1-5 北京一日

项目		2018	2017
每日创造			
地区生产总值	(万元/日)	830684.9	767531.5
第一产业		3252.1	3298.6
第二产业		154731.5	145939.7
第三产业		672701.4	618295.9
一般公共预算收入	(万元/日)	158518.3	148788.7
一般公共预算支出	(万元/日)	204696.8	186973.4
发电量	(万千瓦时/日)	11980.8	10625.1
汽车生产量	(辆/日)	4924	6165
移动电话机生产量	(台/日)	247387	205016
显示器生产量	(台/日)	11005	9885
公共电汽车客运量	(万人次/日)	873.9	919.4
轨道交通客运量	(万人次/日)	1054.4	1035.1
铁路客运量	(万人次/日)	39.1	38.0
公路客运量	(万人次/日)	121.0	123.1
民航客运量	(万人次/日)	25.0	23.6
旅游外汇收入	(万美元/日)	1511.23	1405.75
国内旅游收入	(万元/日)	152223.8	140339.7
地区出口总值	(万元/日)	133658.7	108561.6
地区进口总值	(万元/日)	611066.7	492093.2
实际利用外商直接投资额	(万美元/日)	4742.7	6665.5
每日生活			
社会消费品零售总额	(万元/日)	321854.2	317134.2
吃类商品		70857.4	68200.0
穿类商品		21733.2	21205.5
用类商品		213871.6	213446.6
烧类商品		15392.1	14282.2
常住出生人口	(人/日)	488	539
常住死亡人口	(人/日)	331	315
登记结婚对数	(对/日)	378	415
离婚对数	(对/日)	204	221
全市居民人均可支配收入	(元/日)	170.9	156.8
全市居民人均消费支出	(元/日)	109.2	102.5
法人单位从业人员平均工资	(元/日)	348.2	315.5
电影放映场次	(场次/日)	8479.5	7503.8
特快专递业务量	(万件/日)	605.1	623.2
城乡居民生活用电量	(万千瓦时/日)	7023.5	5973.9
居民家庭用天然气	(万立方米/日)	386.5	447.1
自来水销售总量	(万立方米/日)	317.4	303.0
污水处理能力	(万立方米/日)	670.6	665.6
生活垃圾清运量	(万吨/日)	2.67	2.53

注：离婚对数包括在民政部门登记的对数和经法院调离和判离的对数。

2019
北京区域统计年鉴

第二章

BEIJING AREA
STATISTICAL YEARBOOK

分区历史数据

简要说明

一、本章资料的主要内容

本章主要包括人口、地区生产总值、一般公共预算收支、全社会固定资产投资、社会消费品零售总额、农林牧渔业总产值、规模以上工业总产值、建筑业总产值、外商投资、入境旅游、居民收支、在校学生和幼儿数、卫生、社会保险等指标的分区主要年份历史数据。

二、本章资料的数据来源

户籍人口数据来自北京市公安局；财政收支数据来自北京市财政局；外商投资数据来自北京市商务局；在校学生和幼儿数据来自北京市教育委员会；卫生数据来自北京市卫生健康委员会；城乡居民收支数据来自国家统计局北京调查总队；社会保险数据来自北京市人力资源和社会保障局；其他数据来自北京市统计局。

三、有关统计标准变化和调整的说明

2011 年开始，根据国家统计局规定，固定资产投资统计起点由 50 万元调整至 500 万元。

2005 年开始，社会消费品零售总额数据按法人在地原则核算，2009 年开始按产业在地原则核算。

规模以上工业总产值 2005 年为全部国有及年主营业务收入在 500 万元及以上非国有工业口径；2007 年调整为年主营业务收入 500 万元及以上的全部工业法人企业；2011 年及以后调整为年主营业务收入 2000 万元及以上的全部工业法人企业。

按照国家统计局要求，自 2015 年起北京根据城乡一体化改革后新口径发布全市和分城乡的居民收支数据。

2016 年按照国家统计局统一部署，开始实施地区研发支出核算方法改革，将研发支出未计入地区生产总值部分进行补充核算。

四、本章中关于历史数据调整的问题

按照国家统计局统一规定，2005-2008 年地区生产总值数据，根据北京市第二次全国经济普查和北京市第二次全国农业普查的数据结果进行了修订。结合地区研发支出核算方法改革，2016 年对全市 1996 年以来地区生产总值进行了调整，对各区 2005 年以来的数据进行了调整。

社会消费品零售总额 2005-2007 年数据根据北京市第二次全国经济普查数据进行了修订，2008 年数据为第二次全国经济普查数据，2009-2012 年数据根据第三次全国经济普查数据进行了修订，2013 年数据为第三次全国经济普查数据。

农林牧渔业总产值 2005 年数据根据北京市第二次全国农业普查进行了修订。

2-1 主要年份常住人口

单位：万人

各 区	2005	2010	2012	2013	2014	2015	2016	2017	2018
全 市	**1538.0**	**1961.9**	**2069.3**	**2114.8**	**2151.6**	**2170.5**	**2172.9**	**2170.7**	**2154.2**
东城区	86.0	91.9	90.8	90.9	91.1	90.5	87.8	85.1	82.2
西城区	119.2	124.3	128.7	130.3	130.2	129.8	125.9	122.0	117.9
朝阳区	280.2	354.5	374.5	384.1	392.2	395.5	385.6	373.9	360.5
丰台区	156.8	211.2	221.4	226.1	230.0	232.4	225.5	218.6	210.5
石景山区	52.4	61.6	63.9	64.4	65.0	65.2	63.4	61.2	59.0
海淀区	258.6	328.1	348.4	357.6	367.8	369.4	359.3	348.0	335.8
门头沟区	27.7	29.0	29.8	30.3	30.6	30.8	31.1	32.2	33.1
房山区	87.0	94.5	98.6	101.0	103.6	104.6	109.6	115.4	118.8
通州区	86.7	118.4	129.1	132.6	135.6	137.8	142.8	150.8	157.8
顺义区	71.1	87.7	95.3	98.3	100.4	102.0	107.5	112.8	116.9
昌平区	78.2	166.1	183.0	188.9	190.8	196.3	201.0	206.3	210.8
大兴区	88.6	136.5	147.0	150.7	154.5	156.2	169.4	176.1	179.6
怀柔区	32.2	37.3	37.7	38.2	38.1	38.4	39.3	40.5	41.4
平谷区	41.4	41.6	42.0	42.2	42.3	42.3	43.7	44.8	45.6
密云区	43.9	46.8	47.4	47.6	47.8	47.9	48.3	49.0	49.5
延庆区	28.0	31.7	31.7	31.6	31.6	31.4	32.7	34.0	34.8

注：1.2005年，2015年数据为1%人口抽样调查推算数据；2013-2014年，2016-2018年为人口抽样调查推算数据(下表同)。

2. 全市数据2010年为北京市第六次全国人口普查推算数，分区数据2010年为北京市第六次全国人口普查数据，普查标准时点为2010年11月1日零时(另：普查时点全市常住人口为1961.2万人)。

2-2　主要年份常住外来人口

单位：万人

各　区	2005	2010	2012	2013	2014	2015	2016	2017	2018
全　　市	**357.3**	**704.7**	**773.8**	**802.7**	**818.7**	**822.6**	**807.5**	**794.3**	**764.6**
东 城 区	15.3	22.0	21.2	21.0	21.2	20.7	19.2	17.8	16.5
西 城 区	21.1	32.7	33.3	34.4	32.8	31.0	29.2	27.9	22.3
朝 阳 区	84.0	151.5	169.5	176.1	179.8	184.0	174.8	168.8	157.9
丰 台 区	36.6	81.3	83.7	85.0	85.1	83.8	79.9	75.4	69.8
石景山区	14.9	20.7	21.4	21.4	21.2	21.0	19.0	17.8	15.2
海 淀 区	73.7	125.6	138.4	143.5	150.3	148.6	139.3	127.6	123.4
门头沟区	4.1	4.7	4.9	5.0	4.9	4.8	5.0	5.0	5.2
房 山 区	11.9	19.5	22.8	24.6	26.7	27.4	28.0	30.3	30.6
通 州 区	19.7	43.5	50.7	53.6	55.5	55.9	57.0	60.3	65.7
顺 义 区	15.6	27.9	34.5	37.3	38.9	40.2	43.0	46.4	46.7
昌 平 区	21.9	84.7	95.7	100.6	100.2	102.6	103.8	105.5	106.7
大 兴 区	25.3	64.4	71.4	73.5	75.6	76.1	82.1	83.2	76.5
怀 柔 区	5.3	10.3	10.3	10.6	10.4	10.5	10.6	10.7	10.3
平 谷 区	2.4	4.9	5.2	5.3	5.3	5.3	5.5	5.7	5.1
密 云 区	3.5	6.9	7.1	7.2	7.2	7.1	7.2	7.6	7.9
延 庆 区	2.0	3.9	3.7	3.6	3.6	3.6	3.9	4.3	4.8

注：全市数据2010年为北京市第六次全国人口普查推算数，分区数据2010年为北京市第六次全国人口普查数据，普查标准时点为2010年11月1日零时(另：普查时点全市常住外来人口为704.5万人)。

2-3 主要年份户籍人口

单位：万人

各 区	2005	2010	2012	2013	2014	2015	2016	2017	2018
全 市	**1180.7**	**1257.8**	**1297.5**	**1316.3**	**1333.4**	**1345.2**	**1362.9**	**1359.2**	**1375.8**
东城区	97.0	95.6	96.8	97.4	98.0	97.4	97.4	96.7	97.4
西城区	128.7	134.5	138.5	140.8	142.9	145.2	146.5	145.0	146.5
朝阳区	171.1	188.6	197.4	201.2	204.2	207.4	210.9	209.8	211.7
丰台区	97.4	106.3	109.7	111.4	112.8	113.7	115.3	113.9	115.0
石景山区	35.0	36.2	37.1	37.6	38.0	38.3	38.7	38.2	38.6
海淀区	191.8	219.6	230.7	235.3	238.5	239.5	240.2	235.4	238.8
门头沟区	23.8	24.6	24.8	24.9	24.9	24.9	25.1	24.9	25.1
房山区	75.4	76.8	78.0	78.6	79.4	79.9	81.3	81.9	83.0
通州区	62.9	66.3	68.3	69.3	70.5	71.8	74.7	76.9	78.7
顺义区	55.9	58.2	59.4	60.1	60.9	61.5	62.7	63.5	64.5
昌平区	48.2	53.3	56.1	57.3	58.5	59.5	61.1	61.9	63.5
大兴区	56.6	59.9	62.2	63.6	65.1	66.3	68.4	69.9	71.6
怀柔区	27.3	27.7	27.8	27.9	28.1	28.2	28.3	28.4	28.5
平谷区	39.5	39.5	39.8	39.9	40.1	40.1	40.2	40.4	40.6
密云区	42.5	42.8	43.0	43.1	43.3	43.3	43.6	43.7	43.8
延庆区	27.6	27.9	28.0	28.1	28.2	28.2	28.4	28.5	28.7

资料来源：北京市公安局。

2-4 主要年份地区生产总值

单位：亿元

各　区	2005	2010	2012	2013	2014	2015	2016	2017	2018
全　市	**7141.4**	**14441.6**	**18350.1**	**20330.1**	**21944.1**	**23685.7**	**25669.1**	**28014.9**	**30320.0**
东城区	656.1	1243.2	1494.1	1655.2	1766.0	1913.7	2061.8	2247.2	2425.7
西城区	1079.5	2086.4	2649.7	2893.0	3097.8	3340.6	3602.4	3920.7	4243.9
朝阳区	1357.0	2892.1	3801.1	4208.1	4495.4	4823.9	5171.0	5635.5	6093.5
丰台区	386.5	747.8	948.4	1034.5	1115.3	1203.4	1297.0	1427.5	1551.1
石景山区	211.7	302.5	349.2	386.4	412.5	444.0	482.1	535.4	584.6
海淀区	1443.6	2934.0	3761.1	4224.3	4574.7	4922.9	5395.2	5942.8	6479.5
门头沟区	46.7	87.6	119.3	126.4	135.0	146.9	157.9	174.4	188.1
房山区	210.8	374.4	454.5	487.3	524.6	565.7	606.6	681.7	761.8
通州区	146.6	352.1	461.3	516.2	560.9	614.5	674.8	758.0	832.4
顺义区	261.8	878.4	1121.7	1260.0	1358.4	1469.4	1591.6	1715.9	1864.0
昌平区	201.1	416.1	530.7	593.6	643.3	696.1	753.4	839.7	902.0
大兴区	157.5	319.2	404.1	450.4	490.9	530.8	583.2	644.6	700.4
怀柔区	84.5	150.6	185.9	207.5	222.7	240.6	259.4	285.8	309.3
平谷区	57.7	118.9	155.1	170.9	185.4	201.4	218.3	233.6	251.0
密云区	79.5	142.7	181.0	199.6	213.9	232.5	251.1	278.2	300.2
延庆区	40.5	68.3	85.1	93.9	101.3	111.2	122.7	136.2	151.9
北京经济技术开发区	259.6	726.3	860.8	948.2	1031.9	1116.8	1213.8	1366.5	1509.5

注：1.表内数据按现价计算。

2.地区生产总值各区合计数不等于全市是由于各区中扣除了划归市一级核算的部分。

2-5 主要年份一般公共预算收入

单位：亿元

各 区	2005	2010	2012	2013	2014	2015	2016	2017	2018
全 市	**919.21**	**2353.93**	**3314.93**	**3661.11**	**4027.16**	**4723.86**	**5081.26**	**5430.79**	**5785.92**
东城区	49.15	102.79	134.84	147.13	155.95	164.56	166.34	172.17	175.62
西城区	71.08	213.63	309.11	341.95	372.76	451.41	413.81	422.12	430.85
朝阳区	84.49	231.34	345.19	376.47	411.83	447.98	477.13	508.17	533.68
丰台区	17.80	45.64	68.58	76.93	86.14	94.49	104.59	113.11	121.60
石景山区	10.26	18.85	25.07	30.61	37.97	45.09	52.07	56.44	62.14
海淀区	70.80	188.28	263.06	291.45	316.16	357.50	386.11	416.92	446.01
门头沟区	6.89	10.68	19.07	20.72	22.03	26.07	27.79	29.63	31.58
房山区	12.79	28.16	40.03	45.08	45.60	50.15	53.70	60.25	64.65
通州区	11.45	31.65	45.95	52.91	60.86	70.80	76.51	79.23	83.07
顺义区	16.45	58.44	86.24	98.03	110.62	124.76	137.86	148.88	159.30
昌平区	13.20	35.59	52.21	60.08	66.28	73.05	78.28	84.34	94.99
大兴区	10.93	30.14	45.51	52.39	61.52	71.25	77.72	84.71	92.35
怀柔区	7.43	18.24	23.46	26.70	30.34	33.38	35.65	37.98	40.48
平谷区	5.47	13.65	21.01	23.97	26.55	27.93	27.95	29.63	30.05
密云区	7.43	15.58	22.18	25.42	27.79	29.50	31.17	33.04	36.30
延庆区	2.77	7.10	8.94	10.02	11.02	13.50	13.61	16.16	19.17

注：各区财政收支为区级财政口径，故表中分区数据之和不等于全市合计。

资料来源：北京市财政局。

2-6 主要年份一般公共预算支出

单位：亿元

各 区	2005	2010	2012	2013	2014	2015	2016	2017	2018
全 市	**1058.31**	**2717.32**	**3685.31**	**4173.66**	**4524.67**	**5737.70**	**6406.77**	**6824.53**	**7471.43**
东城区	54.50	115.59	154.70	168.96	195.37	237.16	237.54	243.83	251.57
西城区	68.23	230.81	258.99	286.65	318.46	474.91	426.09	430.77	429.71
朝阳区	59.62	168.00	275.10	316.77	380.79	443.65	453.03	513.38	563.22
丰台区	32.40	84.56	142.36	150.63	152.92	207.93	194.11	227.41	247.75
石景山区	16.90	42.85	51.82	61.25	68.83	91.33	97.97	98.65	124.57
海淀区	81.10	216.09	305.58	388.35	393.62	496.71	577.40	619.07	659.32
门头沟区	19.57	45.75	60.10	76.10	68.89	93.31	87.52	95.21	106.34
房山区	31.28	80.23	114.11	144.81	154.12	183.57	224.20	217.71	258.73
通州区	25.22	74.22	99.34	125.46	131.84	198.31	338.44	320.65	405.40
顺义区	31.17	95.22	130.35	146.69	167.84	225.11	239.09	243.10	315.01
昌平区	25.68	73.59	95.36	123.25	138.44	185.74	160.29	184.70	192.03
大兴区	26.64	72.23	101.36	135.25	159.66	291.80	239.45	229.02	259.92
怀柔区	22.34	63.08	75.55	96.47	97.89	106.98	107.44	135.10	153.37
平谷区	20.61	52.33	70.88	82.36	83.25	107.25	121.23	131.17	132.31
密云区	23.93	61.73	76.90	89.62	95.59	110.21	113.51	150.92	180.68
延庆区	16.96	43.65	59.72	79.04	74.10	83.83	92.47	121.59	140.12

资料来源：北京市财政局。

2-7 主要年份全社会固定资产投资

单位：亿元

各 区	2005	2010	2012	2013	2014	2015	2016	2017	2018年增长速度（%）
全 市	**2827.2**	**5493.5**	**6462.8**	**7032.2**	**7562.3**	**7990.9**	**8461.7**	**8948.1**	**-9.9**
东城区	242.2	180.7	182.5	195.1	214.7	235.2	264.6	284.7	1.2
西城区	280.2	181.7	198.4	213.0	241.2	246.0	252.7	296.8	-20.4
朝阳区	729.5	1230.7	1195.5	1216.7	1235.4	1238.7	1257.9	1356.1	-7.5
丰台区	232.2	504.6	660.1	752.0	812.3	862.3	960.9	983.5	-23.7
石景山区	76.5	154.5	144.8	162.9	184.1	201.3	225.6	271.0	1.1
海淀区	428.3	567.0	688.9	775.1	841.7	870.5	872.5	1005.7	-5.9
门头沟区	22.8	94.8	190.7	230.1	267.8	292.1	338.3	380.2	-65.1
房山区	127.0	403.8	490.1	493.7	505.8	532.3	536.9	547.9	-34.4
通州区	112.3	364.7	506.1	590.8	687.7	800.8	939.9	1054.5	-21.8
顺义区	133.8	413.7	418.6	429.7	432.3	465.2	485.0	516.2	-10.3
昌平区	120.5	374.4	490.1	551.9	614.5	581.1	594.5	546.3	-14.9
大兴区	87.1	422.7	480.5	506.2	556.7	811.3	827.3	818.7	25.4
怀柔区	54.9	103.6	138.3	156.0	167.1	130.9	121.1	141.6	5.8
平谷区	33.5	82.4	122.5	141.2	162.7	146.9	164.7	101.4	31.5
密云区	44.8	121.7	145.3	165.1	177.3	107.6	126.0	130.9	8.9
延庆区	16.7	55.7	70.4	77.6	69.9	71.2	107.2	154.1	77.1
北京经济技术开发区	84.8	236.6	339.9	375.2	391.0	397.6	386.7	358.5	-6.4

注：本表资料按项目所在建设地地址划分。

2-8 主要年份社会消费品零售总额

单位：亿元

各　区	2005	2010	2012	2013	2014	2015	2016	2017	2018
全　市	**2911.7**	**6340.3**	**8123.5**	**8872.1**	**9638.0**	**10338.0**	**11005.1**	**11575.4**	**11747.7**
东城区	293.9	603.4	784.6	839.2	913.3	985.9	1046.6	1098.9	1052.9
西城区	289.6	608.0	762.5	817.4	862.6	912.6	968.8	1013.9	1043.2
朝阳区	795.8	1683.4	2071.3	2243.4	2377.6	2514.9	2654.5	2762.3	2797.6
丰台区	317.3	696.4	808.4	864.6	937.4	1007.3	1075.3	1135.2	1170.8
石景山区	132.4	144.5	192.3	215.8	241.9	266.0	287.5	303.4	312.4
海淀区	576.5	1273.0	1653.1	1793.3	1960.8	2094.7	2213.2	2309.6	2340.1
门头沟区	12.8	30.4	43.7	49.0	53.1	57.5	61.7	65.9	69.4
房山区	63.3	124.8	170.2	190.7	211.8	230.2	248.5	267.4	252.8
通州区	82.3	191.5	255.3	286.9	323.2	355.5	388.1	419.1	439.8
顺义区	68.2	195.1	282.4	332.4	376.7	410.0	443.0	474.2	478.7
昌平区	56.2	244.3	311.9	339.4	368.7	395.9	422.7	452.1	465.7
大兴区	64.6	155.0	240.2	282.2	321.9	356.6	386.4	413.7	437.8
怀柔区	32.9	55.9	74.2	83.9	94.1	102.9	111.5	119.8	126.2
平谷区	20.3	47.2	66.9	75.0	84.4	92.3	100.2	107.3	113.5
密云区	35.9	69.0	91.8	102.4	110.7	120.1	129.8	139.0	148.1
延庆区	27.0	48.4	62.7	69.6	74.8	81.1	87.6	94.2	98.3
北京经济技术开发区	42.7	170.1	251.9	286.8	325.1	354.5	379.7	399.5	400.3

2-9 主要年份农林牧渔业总产值

单位：亿元

各 区	2005	2010	2012	2013	2014	2015	2016	2017	2018
全 市	**239.3**	**328.0**	**395.7**	**421.8**	**420.1**	**368.2**	**338.1**	**308.3**	**296.8**
朝阳区	3.9	4.1	4.5	4.2	4.3	3.5	3.2	3.3	5.0
丰台区	2.7	3.0	3.5	3.6	2.5	1.9	1.7	2.1	2.2
海淀区	3.4	4.0	5.7	5.8	5.9	5.3	5.2	4.4	4.3
门头沟区	2.1	3.9	5.3	5.3	3.5	2.4	2.5	2.7	7.6
房山区	31.4	42.6	46.5	50.6	52.5	40.2	38.2	35.7	33.8
通州区	28.9	39.8	51.5	55.4	57.8	50.1	42.4	40.8	39.6
顺义区	49.5	58.6	67.6	68.3	68.5	58.1	53.4	48.3	46.3
昌平区	10.1	16.8	26.0	27.8	25.8	22.1	20.7	20.3	18.9
大兴区	34.7	48.2	54.8	61.2	63.2	55.9	48.8	40.8	31.7
怀柔区	12.1	17.1	19.1	20.3	20.4	17.7	15.2	15.4	14.9
平谷区	17.6	29.4	39.7	44.7	48.2	46.7	45.0	39.8	39.5
密云区	24.0	39.2	45.6	47.3	41.6	41.9	40.9	35.8	32.7
延庆区	13.0	20.3	25.0	26.1	24.1	20.6	19.3	17.7	20.0

注：全市农林牧渔业总产值中含远洋捕捞，各区不包括远洋捕捞数据，故分区数据相加不等于全市。

2-10 主要年份规模以上工业总产值

单位：亿元

各 区	2005	2010	2012	2013	2014	2015	2016	2017	2018
全 市	**6946.2**	**13699.8**	**15596.2**	**17370.9**	**18452.9**	**17449.6**	**18087.3**	**18901.1**	**19212.9**
东 城 区	89.3	67.1	109.6	123.5	161.6	203.0	195.9	200.2	174.9
西 城 区	334.9	686.3	833.1	883.2	965.8	1067.2	1096.0	1145.7	1247.1
朝 阳 区	707.7	1040.5	1239.2	1093.2	1006.8	723.4	816.3	715.4	741.6
丰 台 区	268.9	433.5	386.4	418.6	434.2	452.5	446.5	437.6	297.7
石景山区	602.3	630.5	303.5	276.5	241.4	226.9	213.5	222.4	208.8
海 淀 区	850.4	1343.0	1489.3	1708.3	2211.2	2216.5	2108.6	2387.6	2311.2
门头沟区	48.4	78.7	104.6	80.7	98.5	86.5	77.0	84.3	75.1
房 山 区	611.1	949.6	1019.9	970.7	1064.7	833.0	751.2	895.2	995.5
通 州 区	228.7	593.0	610.0	667.7	691.1	618.9	644.0	641.2	602.4
顺 义 区	864.3	1851.6	2299.0	2862.5	2983.6	2828.4	3008.6	2192.1	1807.1
昌 平 区	438.6	987.8	1191.7	1271.0	1133.7	804.9	891.2	1099.1	1039.3
大 兴 区	204.2	455.1	570.9	633.1	664.6	694.5	771.8	811.9	754.8
怀 柔 区	120.0	484.8	440.4	553.2	552.7	451.4	491.9	636.0	608.3
平 谷 区	86.2	184.7	216.8	242.6	253.9	244.8	246.8	189.0	163.7
密 云 区	92.9	177.0	262.0	293.1	309.0	284.4	331.8	305.8	269.7
延 庆 区	19.0	51.4	67.7	65.0	69.3	53.9	71.5	79.0	87.3
北京经济技术开发区	1119.5	2228.1	2187.9	2292.9	2421.0	2555.5	2842.5	3424.9	3841.2

注：自2004年起，国家电网公司、国网冀北电力有限公司的“工业总产值”由市统计局统一核算，故表中“工业总产值”指标分区数据之和不等于全市。

2-11 主要年份建筑业总产值

单位：亿元

各　区	2005	2010	2012	2013	2014	2015	2016	2017	2018
全　市	**1894.0**	**5196.0**	**6588.3**	**7459.6**	**8209.8**	**8436.7**	**8841.2**	**9736.7**	**10939.8**
东 城 区	137.3	350.3	445.9	503.1	513.3	552.8	628.4	674.8	809.6
西 城 区	190.2	389.3	560.0	578.4	661.2	584.1	646.3	736.1	692.8
朝 阳 区	285.0	703.7	879.2	1012.0	1066.7	1073.6	1155.1	1329.3	1556.9
丰 台 区	174.3	622.1	819.7	981.4	1184.5	1280.3	1516.3	1627.1	1917.1
石景山区	80.0	311.5	358.5	391.0	460.2	454.5	429.4	471.8	519.8
海 淀 区	389.7	1132.6	1337.0	1444.5	1528.0	1649.9	1610.8	1835.4	1970.0
门头沟区	41.3	50.8	71.7	80.9	84.4	92.6	93.5	103.4	133.0
房 山 区	145.7	260.0	294.0	329.0	364.6	346.3	349.5	356.4	414.5
通 州 区	78.1	324.2	478.2	757.1	923.7	1016.6	1064.5	1175.4	1267.4
顺 义 区	68.5	151.3	220.8	244.0	307.5	296.8	306.7	374.7	453.7
昌 平 区	68.5	197.2	260.7	293.3	219.8	179.3	184.9	189.7	206.6
大 兴 区	82.4	190.1	284.7	301.2	308.1	326.4	343.0	333.3	380.3
怀 柔 区	54.1	75.0	84.9	71.6	77.8	77.1	82.1	89.3	88.7
平 谷 区	25.4	44.1	83.1	79.8	87.9	74.3	82.9	68.0	76.3
密 云 区	35.5	71.0	96.4	100.9	120.5	117.0	94.5	109.2	133.3
延 庆 区	35.2	42.0	50.3	57.4	60.8	56.7	46.0	59.2	44.6
北京经济技术开发区	2.8	280.8	263.2	234.0	240.8	258.4	207.4	203.6	275.1

注：建筑业相关数据是按照企业经营地划分，统计范围为施工总承包、专业承包建筑业企业。

2-12 主要年份实际利用外商直接投资额

单位：万美元

各　区	2005	2010	2012	2013	2014	2015	2016	2017	2018
全　　市	**352638**	**636358**	**804160**	**852418**	**904085**	**1299635**	**1302858**	**2432909**	**1731089**
东 城 区	29433	53592	63634	66149	51037	52735	50298	58209	62388
西 城 区	11738	61534	60648	50045	43378	33539	50378	1161083	51449
朝 阳 区	140029	240298	320073	342225	390011	933873	745228	587979	397477
丰 台 区	5734	12758	16632	18637	45291	5815	10414	10263	1455
石景山区	841	6583	7809	8748	9370	9112	15026	25333	38710
海 淀 区	47536	136343	150164	160011	160161	130222	188722	249059	790955
门头沟区	430	200	4485	100	805	1523	1004	2490	3204
房 山 区	1415	7455	7998	1014	1367	275	4074	18400	4026
通 州 区	8419	9042	10376	12004	35741	30534	36036	81861	55388
顺 义 区	25217	40014	42053	36002	52218	52114	69305	92711	165533
昌 平 区	3909	8894	9288	9865	10380	10903	78881	80000	85000
大 兴 区	4878	11554	82031*	81515*	87485*	32517*	41103*	45120*	61940*
怀 柔 区	5713	6575	20659	37817	5020	2152	3725	13129	6448
平 谷 区	4202	5363	7197	7206	9575	1500	4500	6043	5135
密 云 区	2569	4552	587	984	1909	861	2098	720	1059
延 庆 区	371	835	526	20096	337	1960	2066	509	922
北京经济技术开发区	60204	30766	66923	63558	63619	30217	30541	39622	53781

注：“*”表示大兴区实际利用外商直接投资额中包含北京经济技术开发区数据。

资料来源：北京市商务局。

2-13 主要年份入境旅游者人数

单位：万人次

各 区	2005	2010	2012	2013	2014	2015	2016	2017	2018
全 市	**362.90**	**490.07**	**500.90**	**450.10**	**427.50**	**420.00**	**416.53**	**392.56**	**400.43**
东城区	95.10	111.85	126.86	120.43	114.83	114.20	111.99	110.51	112.08
西城区	42.00	45.30	37.14	31.30	29.61	29.00	26.82	21.69	26.42
朝阳区	153.90	213.95	215.27	195.26	194.32	190.70	194.05	180.70	173.25
丰台区	2.70	8.06	10.48	8.69	8.54	7.40	6.05	6.55	9.50
石景山区	0.20	4.72	11.29	6.27	2.48	3.00	2.52	3.68	1.93
海淀区	44.60	53.08	51.12	45.88	39.76	38.90	34.67	35.05	36.05
门头沟区		0.03	0.05	1.36	0.86	0.05	0.06	0.06	0.08
房山区	0.10	0.04	0.07	0.04	0.05	0.07	0.06	0.04	0.08
通州区	2.30	4.35	2.64	1.60	1.07	1.50	0.89	0.69	0.65
顺义区	8.70	20.00	24.24	21.29	19.12	20.50	21.89	19.68	24.17
昌平区	12.00	6.84	4.62	3.51	4.47	2.60	2.00	2.32	4.16
大兴区	0.60	20.19	15.44	12.67	11.30	10.10	13.89	10.49	11.01
怀柔区	0.20	0.12	0.16	0.40	0.42	1.20	1.22	0.78	0.69
平谷区	0.20	0.26	0.22	0.20	0.22	0.09	0.06	0.02	0.03
密云区	0.20	0.50	0.47	0.50	0.27	0.30	0.27	0.23	0.23
延庆区	…	0.76	0.76	0.73	0.14	0.40	0.08	0.05	0.10

2-14 全市居民人均可支配收入（2015-2018年）

单位：元

各 区	2015	2016	2017	2018
全 市	**48458**	**52530**	**57230**	**62361**
东 城 区	61764	66084	70289	75547
西 城 区	67492	71863	76511	81678
朝 阳 区	55450	60056	64841	70746
丰 台 区	47127	51173	55871	60144
石景山区	56304	60980	66112	71244
海 淀 区	62325	67022	71986	78178
门头沟区	39037	42293	45881	49298
房 山 区	30656	33322	36289	39391
通 州 区	31397	34097	37209	40553
顺 义 区	28257	30808	33568	36575
昌 平 区	35306	38350	41632	45399
大 兴 区	33849	36718	39862	43464
怀 柔 区	28595	30982	33764	36797
平 谷 区	28367	30768	33414	36012
密 云 区	27259	29490	32165	34951
延 庆 区	26975	29157	31555	33887

注：按照国家统计局要求，自2015年起，我市按照城乡住户调查一体化改革后的新口径发布全市和分城乡的居民收支数据。

2-15 全市居民人均消费支出（2015-2018年）

单位：元

各　区	2015	2016	2017	2018
全　市	**33803**	**35416**	**37425**	**39843**
东城区	40865	43923	46154	49026
西城区	43595	45329	46668	49642
朝阳区	39660	40034	41579	44849
丰台区	34240	37831	38127	40927
石景山区	36789	38547	40767	43286
海淀区	44626	46630	49458	52910
门头沟区	28364	31083	31820	33805
房山区	19955	21918	23180	24363
通州区	22508	24505	26550	28696
顺义区	18231	19716	21371	23118
昌平区	25675	27842	30046	32469
大兴区	23402	24976	26365	28564
怀柔区	19569	21383	23088	25035
平谷区	18990	20578	21670	23021
密云区	18792	19538	20306	21772
延庆区	18202	19732	21449	23023

2-16 主要年份城镇居民人均可支配收入

单位：元

各 区	2005	2010	2012	2013	2014	2015	2016	2017	2018
全 市	**18775**	**32132**	**40306**	**44564**	**48532**	**52859**	**57275**	**62406**	**67990**
东城区		30684	38559	41676	45052	61764	66084	70289	75547
西城区		31633	39772	43479	47392	67492	71863	76511	81678
朝阳区	17506	30134	37883	41035	44646	55450	60056	64841	70746
丰台区	15795	27081	34200	37886	41334	47127	51173	55871	60144
石景山区	16183	28051	35420	38657	41943	56304	60980	66112	71244
海淀区	18479	33351	41841	45953	50088	62325	67022	71986	78178
门头沟区	16006	25313	32369	35141	38023	42350	45872	49682	53227
房山区	15175	23769	30025	32886	35912	36317	39486	42992	46503
通州区	15603	24427	30476	33662	37095	37608	40845	44607	48682
顺义区	16167	24825	30437	33329	36428	33394	36448	39736	43437
昌平区	15684	24428	29950	32495	35517	38794	42149	45735	49778
大兴区	15179	24368	31004	34128	37131	40598	43932	47572	51800
怀柔区	15661	23428	29562	32519	35771	33247	36013	39272	42853
平谷区	15050	23606	29850	32933	36226	35117	38080	41130	44402
密云区	15106	23438	29551	32538	35499	33878	36631	40031	43512
延庆区	15596	23329	28644	31132	33778	35603	38442	41599	44916

注：本表全市数据为城乡一体化改革后的新口径数据，分区数据2015年及以后为新口径数据（下表同）。

2-17 主要年份城镇居民人均消费支出

单位：元

各　区	2005	2010	2012	2013	2014	2015	2016	2017	2018
全　市	**14851**	**23999**	**28949**	**31632**	**33717**	**36642**	**38256**	**40346**	**42926**
东城区		22196	25887	26994	28613	40865	43923	46154	49026
西城区		22277	27149	29474	31921	43595	45329	46668	49642
朝阳区	13257	22406	26785	28315	30467	39660	40034	41579	44849
丰台区	11988	18207	22869	24783	26816	34240	37831	38127	40927
石景山区	11636	18903	20530	22411	23845	36789	38547	40767	43286
海淀区	12942	21597	26570	29430	31784	44626	46630	49458	52910
门头沟区	11975	17617	20442	22313	24053	30012	32977	33910	36063
房山区	11648	15870	19407	20386	21181	22742	25105	26368	28337
通州区	11077	16046	18972	20604	23694	26944	29238	31701	34361
顺义区	10208	14257	17463	18895	20784	22174	23810	25928	28301
昌平区	10849	17123	19872	20322	21968	27340	29892	32030	34558
大兴区	10107	15805	19852	22126	24382	26798	28166	29710	32033
怀柔区	10549	15137	18590	20083	21730	21720	23633	25415	27642
平谷区	10478	14895	18961	20966	22455	22519	24539	25225	27182
密云区	10175	15628	17743	19079	21120	22741	23020	23849	25575
延庆区	10384	13467	16481	18155	19808	22882	24809	27109	29238

2-18　主要年份小学在校学生数

单位：万人

各　区	2005	2010	2012	2013	2014	2015	2016	2017	2018
全　市	**49.45**	**65.33**	**71.87**	**78.93**	**82.12**	**85.03**	**86.84**	**87.58**	**91.32**
东 城 区	3.99	4.57	4.67	4.91	5.08	5.30	5.46	5.56	5.93
西 城 区	4.13	4.99	5.56	6.07	6.45	6.93	7.38	7.75	8.50
朝 阳 区	4.78	8.41	9.85	11.88	12.80	13.29	13.57	13.70	14.25
丰 台 区	3.27	6.43	6.59	6.88	7.04	6.91	6.75	6.55	6.51
石景山区	1.33	2.07	2.14	2.29	2.35	2.38	2.35	2.28	2.31
海 淀 区	8.25	12.08	13.15	14.14	14.77	15.56	16.13	16.34	17.02
门头沟区	1.07	1.19	1.11	1.11	1.13	1.17	1.19	1.20	1.26
房 山 区	3.78	3.71	4.20	4.48	4.66	4.82	4.89	4.97	5.22
通 州 区	2.87	4.79	5.42	5.94	6.07	6.21	6.36	6.45	6.73
顺 义 区	2.50	3.21	3.59	3.81	4.10	4.28	4.45	4.64	4.89
昌 平 区	2.22	3.50	5.07	5.36	5.40	5.39	5.28	5.23	5.40
大 兴 区	3.11	4.01	4.24	5.60	5.62	5.93	6.09	6.01	6.26
怀 柔 区	1.65	1.48	1.55	1.61	1.65	1.70	1.70	1.69	1.72
平 谷 区	2.41	1.59	1.55	1.60	1.67	1.73	1.78	1.79	1.84
密 云 区	2.46	1.97	1.97	2.04	2.13	2.21	2.23	2.21	2.23
延 庆 区	1.61	1.32	1.19	1.18	1.19	1.23	1.23	1.23	1.25

注：从2007年开始，普通中学、小学、工读学校、特殊教育、学前教育在校学生数包括外省市户口借读学生。

资料来源：北京市教育委员会。

2-19 主要年份普通中学在校学生数

单位：万人

各区	2005	2010	2012	2013	2014	2015	2016	2017	2018
全　市	**59.99**	**50.83**	**49.90**	**49.82**	**48.43**	**45.28**	**43.14**	**43.04**	**43.44**
东城区	5.97	4.56	4.31	4.22	4.07	3.81	3.62	3.60	3.56
西城区	6.92	5.36	5.28	5.22	5.02	4.65	4.41	4.50	4.62
朝阳区	5.29	5.00	5.49	5.63	5.43	5.15	4.90	4.83	4.88
丰台区	3.11	3.09	2.86	2.99	3.06	2.80	2.49	2.23	2.21
石景山区	1.42	1.46	1.47	1.52	1.47	1.30	1.20	1.13	1.08
海淀区	9.27	9.95	10.35	10.37	10.32	9.78	9.54	9.90	10.03
门头沟区	1.01	0.82	0.73	0.73	0.72	0.69	0.68	0.67	0.68
房山区	4.52	3.14	2.89	2.81	2.74	2.58	2.46	2.45	2.50
通州区	4.06	3.06	2.88	2.83	2.72	2.55	2.50	2.49	2.55
顺义区	4.05	3.04	2.91	2.85	2.79	2.68	2.61	2.59	2.58
昌平区	1.98	2.19	2.46	2.58	2.45	2.25	2.13	2.10	2.13
大兴区	3.42	2.87	2.75	2.85	2.72	2.52	2.31	2.27	2.30
怀柔区	1.63	1.38	1.22	1.17	1.11	1.03	0.98	0.95	0.95
平谷区	3.14	1.70	1.40	1.27	1.20	1.09	1.04	1.05	1.07
密云区	2.40	1.95	1.72	1.62	1.53	1.41	1.37	1.41	1.45
延庆区	1.81	1.27	1.19	1.15	1.09	0.97	0.90	0.86	0.85

注：普通中学统计范围为普通高中和普通初中。

资料来源：北京市教育委员会。

2-20 主要年份幼儿园在园幼儿数

单位：人

各　区	2005	2010	2012	2013	2014	2015	2016	2017	2018
全　市	**202301**	**276994**	**331524**	**348681**	**364954**	**394121**	**416982**	**445535**	**450645**
东城区	11908	11877	12061	12722	13193	14464	15628	16720	17012
西城区	12639	15174	16522	16385	16698	17127	17483	19398	20721
朝阳区	33662	48324	56171	58653	62329	66518	72166	78764	82723
丰台区	19481	31410	40252	40694	40401	41724	43421	44323	42431
石景山区	6703	9879	12393	13319	13409	14853	15238	15514	14430
海淀区	40121	47036	55070	56424	58028	60442	62569	65545	66379
门头沟区	4285	5229	5470	5442	5241	5943	6302	7101	7509
房山区	14136	22466	25953	28752	28878	30280	27281	31537	31758
通州区	8951	13514	16505	20894	25455	28817	30371	26721	26938
顺义区	8112	12545	15199	16962	19184	22749	25246	28880	29234
昌平区	10076	16069	19885	20579	23294	25854	29707	32005	32959
大兴区	8279	15545	21661	23502	24965	28370	32082	35029	35620
怀柔区	4874	6190	9534	9547	8642	9523	10125	10956	10431
平谷区	6451	6448	7760	8113	8393	9098	10235	12028	12140
密云区	6564	9473	10433	10253	10343	11316	11762	13151	13010
延庆区	6059	5815	6655	6440	6501	7043	7366	7863	7350

资料来源：北京市教育委员会。

2-21 主要年份卫生机构数

单位：个

各 区	2005	2010	2012	2013	2014	2015	2016	2017	2018
全 市	**7536**	**9511**	**9974**	**10141**	**10265**	**10425**	**10637**	**10986**	**11100**
东城区	458	484	537	548	564	570	576	579	554
西城区	644	589	607	611	632	646	660	664	695
朝阳区	798	1185	1239	1275	1337	1362	1438	1513	1641
丰台区	248	482	516	541	549	554	550	539	527
石景山区	203	192	197	205	214	212	223	221	233
海淀区	816	914	986	1051	1036	1053	1080	1126	1182
门头沟区	117	110	261	265	260	259	252	247	257
房山区	227	472	1009	1023	989	984	971	991	1007
通州区	205	257	604	601	615	611	609	609	616
顺义区	165	275	606	608	651	707	745	763	771
昌平区	284	517	843	856	865	907	958	1046	1068
大兴区	228	480	715	728	762	778	803	843	871
怀柔区	146	175	479	487	484	481	484	482	488
平谷区	68	113	431	434	430	437	427	427	271
密云区	106	208	662	641	610	589	585	597	589
延庆区	105	86	267	252	252	256	257	320	318

注：2011年开始，卫生机构中包含村卫生室。2012年开始，北京市卫生机构数中包含驻京部队医院，分区数据中不包含驻京部队医院，所以各区数据相加不等于全市合计。

资料来源：北京市卫生健康委员会。

2-22 主要年份卫生机构床位数

单位：张

各　区	2005	2010	2012	2013	2014	2015	2016	2017	2018
全　市	**79067**	**92871**	**100167**	**104034**	**109789**	**111555**	**116963**	**120557**	**123508**
东城区	10904	10106	10440	10948	10930	11046	11175	11305	9947
西城区	12170	13819	14151	14562	15354	15604	15608	15868	16368
朝阳区	12064	15709	17493	18252	19053	20075	22222	23186	23669
丰台区	6158	7876	8275	8926	9347	9534	10045	10554	12317
石景山区	2897	3529	3647	4007	4140	4636	4595	4755	4770
海淀区	9624	9832	10304	10557	11374	11238	12351	13001	13261
门头沟区	2381	2651	2705	2842	2859	2858	2863	2953	2990
房山区	4569	6077	6034	5864	6173	6362	6641	6633	6329
通州区	2351	2608	3170	3203	3216	3494	3651	3737	3802
顺义区	2259	3149	3202	3270	3283	3430	3516	3669	3870
昌平区	5885	7457	9085	9430	11110	10147	10882	11475	11817
大兴区	3038	4434	5468	6074	6675	6780	7012	6999	7603
怀柔区	1284	1377	1584	1576	1596	1683	1681	1711	1931
平谷区	1229	1900	2043	2056	2001	2020	2007	1979	1984
密云区	1182	1270	1535	1485	1696	1666	1700	1695	1748
延庆区	1072	1077	1031	982	982	982	1014	1037	1102

注：本表不含驻京部队医院数。
资料来源：北京市卫生健康委员会。

2-23 主要年份执业(助理)医师数

单位：人

各　区	2005	2010	2012	2013	2014	2015	2016	2017	2018
全　市	**50913**	**66165**	**82192**	**85819**	**89590**	**96445**	**100878**	**105732**	**109376**
东 城 区	8571	8487	8993	9175	9460	9790	10123	10518	9817
西 城 区	8594	9940	10942	11129	11300	11992	12303	12795	13121
朝 阳 区	8069	12723	15279	15840	16572	17825	18610	19774	21167
丰 台 区	3619	4823	5720	6029	6267	6509	6975	7572	9158
石景山区	1644	2181	2345	2559	2687	2848	3009	3008	3113
海 淀 区	6618	9281	9891	10140	10594	10761	11440	12687	13182
门头沟区	907	1040	1110	1136	1120	1170	1225	1225	1263
房 山 区	1839	2364	3025	3216	3316	3516	3644	3804	3945
通 州 区	1739	2381	2688	2803	3034	3362	3593	3787	3789
顺 义 区	1587	2107	2535	2649	2873	3190	3291	3386	3862
昌 平 区	1743	3106	3701	3863	4302	4810	5260	5659	6220
大 兴 区	1781	2942	3236	3427	3678	4021	4268	4374	4824
怀 柔 区	972	1158	1268	1321	1406	1387	1437	1453	1642
平 谷 区	1085	1316	1397	1437	1461	1530	1549	1546	1602
密 云 区	1082	1286	1447	1545	1573	1580	1666	1724	1908
延 庆 区	792	819	825	867	892	941	1035	1062	1113

注：本表分区执业（助理）医师数不含驻京部队医院数（下表同）。

资料来源：北京市卫生健康委员会。

2-24 主要年份注册护士数

单位：人

各　区	2005	2010	2012	2013	2014	2015	2016	2017	2018
全　市	**42897**	**67308**	**95202**	**100652**	**106167**	**114294**	**117760**	**123158**	**123589**
东城区	7566	8404	9228	9380	9972	10303	10575	10836	10440
西城区	8744	12025	13521	13392	13796	15338	15296	15992	16292
朝阳区	7279	13351	16564	17647	18189	18971	20418	21544	22234
丰台区	2990	5150	6439	6807	7348	7664	7989	8237	9185
石景山区	1386	2332	2641	3002	3077	3349	3315	3404	3577
海淀区	5286	9692	11178	11930	12342	12660	12859	14670	15251
门头沟区	872	1151	1350	1376	1388	1440	1478	1499	1502
房山区	1709	2213	3097	3222	3578	3768	3855	4069	4264
通州区	1207	2058	2523	2804	3092	3380	3609	3771	3642
顺义区	943	1726	2008	2227	2396	2807	2886	2986	3350
昌平区	1517	3023	3730	4036	5302	5938	6419	6840	7405
大兴区	1231	2639	3334	3660	4069	4313	4629	4735	5159
怀柔区	513	867	1026	1075	1106	1130	1129	1159	1259
平谷区	504	1104	1251	1380	1403	1479	1498	1499	1535
密云区	668	956	962	1123	1104	1204	1188	1172	1143
延庆区	482	617	682	819	731	882	905	947	995

资料来源：北京市卫生健康委员会。

2–25 主要年份参加职工基本养老保险人数

单位：万人

各 区	2010	2012	2013	2014	2015	2016	2017	2018
全 市	**982.5**	**1206.4**	**1311.3**	**1392.6**	**1424.2**	**1459.1**	**1514.3**	**1591.5**
东城区	102.3	120.4	129.9	135.0	137.6	142.7	143.9	148.2
西城区	152.0	175.5	183.8	189.4	191.6	192.8	193.8	195.5
朝阳区	194.3	248.1	274.8	294.8	301.4	312.5	326.9	348.9
丰台区	59.9	72.5	79.8	85.3	87.4	89.4	93.3	98.3
石景山区	31.4	36.5	38.8	40.7	41.6	42.4	44.2	46.1
海淀区	159.7	204.9	224.8	241.8	248.8	257.7	270.3	285.8
门头沟区	15.9	18.3	19.6	20.7	21.1	21.4	22.1	23.2
房山区	24.9	29.0	32.3	34.3	35.2	35.0	36.5	38.8
通州区	26.9	35.6	40.2	44.4	45.8	47.4	50.8	55.4
顺义区	34.9	46.0	51.7	55.9	57.5	58.3	61.3	65.3
昌平区	28.2	35.8	39.4	42.7	44.0	42.8	46.0	50.1
大兴区	30.3	40.1	45.2	48.6	49.5	49.4	51.8	54.9
怀柔区	12.8	16.0	18.1	19.7	20.2	20.0	20.9	22.2
平谷区	11.8	14.9	16.8	18.4	19.0	19.3	20.3	21.5
密云区	11.8	15.2	16.7	18.1	18.6	18.9	20.1	21.4
延庆区	6.5	7.7	8.2	8.7	8.9	9.0	9.4	9.8
北京经济技术开发区	19.3	28.8	32.9	36.6	38.2	39.2	42.1	46.0
其 他	59.5	61.0	58.3	57.6	58.0	60.9	60.6	59.9

注：表中“其他”分组指社会保险代办机构。

资料来源：北京市人力资源和社会保障局。

2–26 主要年份参加基本医疗保险人数

单位：万人

各 区	2010	2012	2013	2014	2015	2016	2017	2018
全 市	**1063.7**	**1279.7**	**1354.8**	**1431.3**	**1475.7**	**1517.6**	**1569.2**	**1628.9**
东城区	130.6	148.5	153.3	157.2	159.8	160.5	161.8	163.0
西城区	169.7	196.7	210.9	213.9	213.4	213.0	214.2	213.8
朝阳区	213.5	264.3	275.7	307.3	317.2	327.6	346.4	370.9
丰台区	69.3	82.8	88.0	92.4	97.1	99.6	102.8	106.6
石景山区	33.5	38.8	40.3	42.2	44.4	46.2	48.1	49.5
海淀区	186.0	228.8	243.4	262.4	279.5	288.8	299.5	313.4
门头沟区	17.7	19.6	20.4	21.0	21.2	22.6	23.3	23.9
房山区	26.8	31.4	34.2	36.4	37.4	38.2	39.4	42.2
通州区	30.2	37.8	48.6	45.4	47.9	50.3	52.8	55.1
顺义区	38.6	49.0	52.3	55.0	56.1	57.6	59.5	61.0
昌平区	31.6	39.0	41.5	44.4	47.3	49.4	51.7	56.7
大兴区	34.1	44.0	46.7	48.5	49.3	52.8	54.3	55.2
怀柔区	14.3	17.2	18.9	20.5	20.7	21.4	22.1	22.0
平谷区	13.8	16.8	18.1	19.6	20.3	20.9	21.6	22.7
密云区	14.6	18.3	18.7	19.5	20.4	21.7	22.3	22.8
延庆区	8.4	9.9	12.7	10.4	10.9	11.8	12.1	12.3
北京经济技术开发区	23.0	28.7	31.0	34.9	32.9	35.2	37.1	37.6
其 他	8.0	8.2					0.1	0.1

注：表中“其他”分组指社会保险代办机构。

资料来源：北京市人力资源和社会保障局。

2019
北京区域统计年鉴

第三章

BEIJING AREA
STATISTICAL YEARBOOK

北京各区概览

简要说明

一、本章资料的主要内容

本章各区数据主要涉及国民经济核算、财政、税收、金融、利用外资、产业（农业、工业、建筑业、旅游等）、投资、消费、房地产、人口、资源、环境、科技、教育、文化、卫生、体育、法律、社会保险、社会保障、就业、居民收支、城市公用事业、城市安全等多个领域的主要情况，重点反映主要指标的总量和增速。

二、本章资料的数据来源

各区数据主要来源于三个方面：

一是来源于北京市统计局，主要包括国民经济核算、产业、投资、消费、房地产、常住人口、能源消费等指标。

二是来源于国家统计局北京调查总队，主要包括城乡居民收入支出等指标。

三是来源于市政府相关委办局，主要包括户籍人口、土地、财政、税收、金融、利用外资、教育、文化、卫生、体育、城市公用事业、环境、专利、社会保险、社会保障、城市安全、资源、环境等方面指标，分别由市公安局、市规划自然资源委、市财政局、国家税务总局北京市税务局、中国人民银行营管部、市商务局、市教委、市文物局、市文化和旅游局、市档案局、市卫生健康委、市体育局、市交通委、市人力社保局、市水务局、市城市管理委、市生态环境局、市园林绿化局、市应急管理局、市知识产权局、市技术市场管理办公室和市司法局等部门提供。具体来源见表下的说明。

3-1 土地利用状况(2017年)

单位:公顷

各　区	耕 地	园 地	林 地	草 地	城镇村及工矿用地	交通运输用地	水域及水利设施用地
全　市	**213730.7**	**132799.8**	**744473.6**	**84479.4**	**306825.7**	**47704.9**	**76373.8**
东城区					4182.0		
西城区					5033.1		
朝阳区	2400.8	648.6	3870.0	11.8	34027.3	2257.7	1913.1
丰台区	2057.3	726.4	4203.4	68.8	19336.8	2741.5	1224.1
石景山区	53.5	50.7	2335.2	6.4	5444.8	224.2	307.3
海淀区	2044.9	2414.9	10384.9	44.3	24517.3	1602.8	1640.8
门头沟区	885.8	5116.3	100439.1	22963.3	8226.3	1490.9	1455.6
房山区	24685.3	15637.3	60992.2	45443.3	31297.2	5229.1	6719.7
通州区	32886.9	3375.2	8179.6	98.2	30935.2	4793.1	8382.2
顺义区	32196.4	4814.7	16568.3	1680.4	28893.9	7262.3	7530.5
昌平区	10467.3	12316.1	64928.8	1315.3	34165.3	5158.3	4074.0
大兴区	39431.0	7404.2	8471.0	247.5	35409.4	4510.8	5557.9
怀柔区	9867.7	17554.2	162926.4	1610.9	10655.1	2947.0	4811.3
平谷区	11578.4	23208.6	35077.0	6092.7	10619.9	2624.7	3997.2
密云区	17084.5	29081.5	130599.3	2235.4	14135.2	3301.2	22354.5
延庆区	28091.2	10451.1	135498.6	2661.2	9946.7	3561.2	6405.5

资料来源：北京市规划和自然资源委员会。

3-2 行政区划(2018年)

单位：个

各　区	街道办事处	建制镇	建制乡	社区居委会	村民委员会
全　市	**152**	**143**	**38**	**3209**	**3915**
东城区	17			177	
西城区	15			259	
朝阳区	24		19	475	144
丰台区	16	2	3	337	64
石景山区	9			150	
海淀区	22	7		581	84
门头沟区	4	9		120	178
房山区	8	14	6	160	459
通州区	6	10	1	130	470
顺义区	6	19		134	426
昌平区	8	14		238	301
大兴区	8	14		228	527
怀柔区	2	12	2	35	284
平谷区	2	14	2	40	272
密云区	2	17	1	98	330
延庆区	3	11	4	47	376

资料来源：中共北京市委社会工作委员会北京市民政局。

3-3 规模（限额）以上法人单位情况(2018年)

单位：个

各　区	法人单位数合计	#企业法人
全　　市	**38221**	**34729**
东 城 区	2754	2347
西 城 区	3576	2985
朝 阳 区	9272	8729
丰 台 区	2522	2288
石景山区	991	881
海 淀 区	8414	7760
门头沟区	364	321
房 山 区	1154	1047
通 州 区	1302	1184
顺 义 区	1827	1702
昌 平 区	1733	1557
大 兴 区	1241	1134
怀 柔 区	702	634
平 谷 区	627	572
密 云 区	623	550
延 庆 区	290	223
北京经济技术开发区	829	815

3–4 常住人口、外来人口及人口密度

各　区	常住人口(万人)		#常住外来人口		常住人口密度(人/平方公里)	
	2018	2017	2018	2017	2018	2017
全　市	**2154.2**	**2170.7**	**764.6**	**794.3**	**1313**	**1323**
东 城 区	82.2	85.1	16.5	17.8	19637	20330
西 城 区	117.9	122.0	22.3	27.9	23333	24144
朝 阳 区	360.5	373.9	157.9	168.8	7922	8216
丰 台 区	210.5	218.6	69.8	75.4	6884	7148
石景山区	59.0	61.2	15.2	17.8	6997	7258
海 淀 区	335.8	348.0	123.4	127.6	7796	8079
门头沟区	33.1	32.2	5.2	5.0	228	222
房 山 区	118.8	115.4	30.6	30.3	597	580
通 州 区	157.8	150.8	65.7	60.3	1741	1664
顺 义 区	116.9	112.8	46.7	46.4	1146	1106
昌 平 区	210.8	206.3	106.7	105.5	1569	1535
大 兴 区	179.6	176.1	76.5	83.2	1733	1699
怀 柔 区	41.4	40.5	10.3	10.7	195	191
平 谷 区	45.6	44.8	5.1	5.7	480	472
密 云 区	49.5	49.0	7.9	7.6	222	220
延 庆 区	34.8	34.0	4.8	4.3	175	171

注：表内常住人口数据根据人口抽样调查数据推算，为年末数（下同）。

3-5 常住人口(按城乡分)

单位：万人

各区	常住人口		城镇人口		乡村人口	
	2018	2017	2018	2017	2018	2017
全市	**2154.2**	**2170.7**	**1863.4**	**1876.6**	**290.8**	**294.1**
东城区	82.2	85.1	82.2	85.1		
西城区	117.9	122.0	117.9	122.0		
朝阳区	360.5	373.9	360.1	373.5	0.4	0.4
丰台区	210.5	218.6	210.1	218.2	0.4	0.4
石景山区	59.0	61.2	59.0	61.2		
海淀区	335.8	348.0	331.8	342.6	4.0	5.4
门头沟区	33.1	32.2	29.5	28.3	3.6	3.9
房山区	118.8	115.4	88.6	83.9	30.2	31.5
通州区	157.8	150.8	106.7	100.2	51.1	50.6
顺义区	116.9	112.8	66.0	62.7	50.9	50.1
昌平区	210.8	206.3	175.1	169.7	35.7	36.6
大兴区	179.6	176.1	131.3	128.0	48.3	48.1
怀柔区	41.4	40.5	29.0	27.9	12.4	12.6
平谷区	45.6	44.8	26.4	25.6	19.2	19.2
密云区	49.5	49.0	29.4	28.5	20.1	20.5
延庆区	34.8	34.0	20.3	19.2	14.5	14.8

3-6 常住人口(按性别分)

单位：万人

各 区	常住人口		男		女	
	2018	2017	2018	2017	2018	2017
全 市	**2154.2**	**2170.7**	**1095.6**	**1107.4**	**1058.6**	**1063.3**
东城区	82.2	85.1	39.5	41.0	42.7	44.1
西城区	117.9	122.0	56.6	59.0	61.3	63.0
朝阳区	360.5	373.9	182.0	190.1	178.5	183.8
丰台区	210.5	218.6	106.2	110.7	104.3	107.9
石景山区	59.0	61.2	29.6	30.7	29.4	30.5
海淀区	335.8	348.0	171.6	179.4	164.2	168.6
门头沟区	33.1	32.2	16.6	16.2	16.5	16.0
房山区	118.8	115.4	60.2	58.6	58.6	56.8
通州区	157.8	150.8	81.5	78.0	76.3	72.8
顺义区	116.9	112.8	60.2	58.0	56.7	54.8
昌平区	210.8	206.3	110.9	108.3	99.9	98.0
大兴区	179.6	176.1	93.5	91.2	86.1	84.9
怀柔区	41.4	40.5	21.2	21.0	20.2	19.5
平谷区	45.6	44.8	23.1	22.9	22.5	21.9
密云区	49.5	49.0	25.2	25.0	24.3	24.0
延庆区	34.8	34.0	17.7	17.3	17.1	16.7

3-7 常住人口(按年龄分)

单位：万人

各 区	常住人口		0—14岁		15—64岁		65岁及以上	
	2018	2017	2018	2017	2018	2017	2018	2017
全 市	**2154.2**	**2170.7**	**226.6**	**226.4**	**1686.2**	**1706.7**	**241.4**	**237.6**
东城区	82.2	85.1	8.3	8.3	60.1	63.0	13.8	13.8
西城区	117.9	122.0	14.3	14.0	83.9	88.7	19.7	19.3
朝阳区	360.5	373.9	33.7	36.8	284.0	294.8	42.8	42.3
丰台区	210.5	218.6	20.0	21.8	166.1	172.8	24.4	24.0
石景山区	59.0	61.2	5.4	5.6	47.0	48.9	6.6	6.7
海淀区	335.8	348.0	33.5	32.4	261.8	275.6	40.5	40.0
门头沟区	33.1	32.2	3.6	3.7	24.9	24.1	4.6	4.4
房山区	118.8	115.4	13.1	13.0	91.4	89.8	14.3	12.6
通州区	157.8	150.8	15.1	14.4	129.8	123.2	12.9	13.2
顺义区	116.9	112.8	14.1	13.6	94.5	90.2	8.3	9.0
昌平区	210.8	206.3	23.9	23.9	169.9	164.7	17.0	17.7
大兴区	179.6	176.1	21.2	20.1	143.9	142.0	14.5	14.0
怀柔区	41.4	40.5	5.2	4.7	31.6	31.4	4.6	4.4
平谷区	45.6	44.8	5.6	4.9	33.6	33.8	6.4	6.1
密云区	49.5	49.0	5.8	5.6	37.1	37.4	6.6	6.0
延庆区	34.8	34.0	3.8	3.6	26.6	26.3	4.4	4.1

3-8 户籍人口户数

单位：万户

各　区	2018	2017
全　市	**548.8**	**543.1**
东 城 区	34.7	34.6
西 城 区	49.3	49.1
朝 阳 区	84.4	83.6
丰 台 区	48.3	47.8
石景山区	15.1	14.9
海 淀 区	74.3	73.6
门头沟区	12.1	12.0
房 山 区	39.4	39.0
通 州 区	39.7	39.0
顺 义 区	27.9	27.4
昌 平 区	28.5	27.8
大 兴 区	28.8	28.2
怀 柔 区	13.8	13.7
平 谷 区	17.5	17.4
密 云 区	20.7	20.6
延 庆 区	14.4	14.3

资料来源：北京市公安局。

3-9 户籍人口数

单位：万人

各区	2018	男	女	2017
全市	**1375.8**	**684.2**	**691.6**	**1359.2**
东城区	97.4	47.7	49.6	96.7
西城区	146.5	72.4	74.1	145.0
朝阳区	211.7	105.0	106.7	209.8
丰台区	115.0	57.6	57.3	113.9
石景山区	38.6	19.6	18.9	38.2
海淀区	238.8	118.7	120.1	235.4
门头沟区	25.1	12.7	12.4	24.9
房山区	83.0	41.5	41.5	81.9
通州区	78.7	39.0	39.7	76.9
顺义区	64.5	31.9	32.6	63.5
昌平区	63.5	31.8	31.7	61.9
大兴区	71.6	35.5	36.1	69.9
怀柔区	28.5	14.2	14.3	28.4
平谷区	40.6	20.4	20.2	40.4
密云区	43.8	21.8	22.0	43.7
延庆区	28.7	14.4	14.3	28.5

注：户籍人口是指公民依照《中华人民共和国户口登记条例》已在其经常居住地的公安户籍管理机关登记了常住户口的人。
资料来源：北京市公安局。

3-10 户籍人口机械变动情况

单位：人

各 区	市外迁入人数		迁往市外人数		机械增加人数	
	2018	2017	2018	2017	2018	2017
全 市	**194206**	**129061**	**83713**	**87988**	**110493**	**41073**
东城区	6687	6953	1262	1052	5425	5901
西城区	13226	14074	3242	3094	9984	10980
朝阳区	30223	23523	13444	13923	16779	9600
丰台区	10570	9035	2570	2444	8000	6591
石景山区	5143	2904	929	913	4214	1991
海淀区	92955	44684	52960	57454	39995	-12770
门头沟区	985	1055	132	109	853	946
房山区	4656	3591	505	400	4151	3191
通州区	4841	4483	700	588	4141	3895
顺义区	2808	2927	625	671	2183	2256
昌平区	11806	5543	4849	5196	6957	347
大兴区	6398	5926	1557	1557	4841	4369
怀柔区	956	974	153	128	803	846
平谷区	942	1044	355	98	587	946
密云区	1082	1386	305	224	777	1162
延庆区	928	959	125	137	803	822

资料来源：北京市公安局。

3-11 户籍人口自然变动情况

单位：人

各 区	出生人数		死亡人数		自然增加人数	
	2018	2017	2018	2017	2018	2017
全 市	**156625**	**185885**	**100698**	**264527**	**55927**	**-78642**
东城区	8456	10360	2531	15615	5925	-5255
西城区	14692	17262	9979	43010	4713	-25748
朝阳区	23128	28462	19501	53451	3627	-24989
丰台区	11821	13797	10711	36864	1110	-23067
石景山区	3843	4686	3482	10853	361	-6167
海淀区	23007	28191	14145	41643	8862	-13452
门头沟区	2434	2710	2196	5768	238	-3058
房山区	11111	12300	6534	11026	4577	1274
通州区	11606	13895	5950	7864	5656	6031
顺义区	8720	10058	4900	7218	3820	2840
昌平区	8954	10616	4577	8028	4377	2588
大兴区	12261	13686	4583	8017	7678	5669
怀柔区	3253	3799	2446	2447	807	1352
平谷区	5187	6441	3382	4606	1805	1835
密云区	4675	5785	3506	4962	1169	823
延庆区	3477	3837	2275	3155	1202	682

资料来源：北京市公安局。

3-12 城镇单位从业人员年末人数、工资总额

各区	从业人员年末人数(人)			从业人员工资总额(亿元)		
	2018	2017	增长速度(%)	2018	2017	增长速度(%)
全市	**8193019**	**8128589**	**0.8**	**12080.9**	**10676.0**	**13.2**
东城区	703743	680640	3.4	1091.5	989.4	10.3
西城区	1051198	1022321	2.8	1950.0	1785.4	9.2
朝阳区	1598169	1573062	1.6	2459.1	2186.3	12.5
丰台区	643847	680141	-5.3	711.0	653.5	8.8
石景山区	204078	199133	2.5	282.9	235.2	20.3
海淀区	1936928	1830781	5.8	3182.1	2659.6	19.6
门头沟区	49189	51385	-4.3	63.7	53.1	19.9
房山区	157556	150740	4.5	168.1	141.2	19.1
通州区	220236	227536	-3.2	232.8	208.7	11.6
顺义区	441806	471885	-6.4	577.4	549.0	5.2
昌平区	298637	305321	-2.2	362.1	316.1	14.5
大兴区	523463	541118	-3.3	642.5	556.9	15.4
怀柔区	92774	94628	-2.0	108.5	100.9	7.5
平谷区	105899	124182	-14.7	95.3	96.3	-1.0
密云区	96118	105038	-8.5	97.2	92.3	5.3
延庆区	69378	70678	-1.8	56.7	52.1	8.8

注：城镇单位是指不包括私营单位和个体工商户的独立核算法人单位（下同）。

3-13 城镇单位在岗职工年末人数、工资总额、平均工资

各区	在岗职工年末人数(人)			在岗职工工资总额(亿元)			在岗职工平均工资(元)		
	2018	2017	增长速度(%)	2018	2017	增长速度(%)	2018	2017	增长速度(%)
全　市	**7620907**	**7563679**	**0.8**	**11562.8**	**10182.8**	**13.6**	**149843**	**134994**	**11.0**
东城区	601991	589025	2.2	1019.8	924.5	10.3	169504	156406	8.4
西城区	948126	916823	3.4	1857.9	1695.2	9.6	197147	187867	4.9
朝阳区	1494714	1463879	2.1	2295.4	2022.9	13.5	151037	138128	9.3
丰台区	620172	654864	-5.3	692.1	638.8	8.3	110041	95308	15.5
石景山区	188386	184574	2.1	270.6	225.2	20.2	142794	121492	17.5
海淀区	1830699	1739251	5.3	3100.2	2584.2	20.0	165650	150152	10.3
门头沟区	46022	48825	-5.7	61.9	51.5	20.1	132674	104068	27.5
房山区	152851	146124	4.6	165.7	139.0	19.2	107484	93544	14.9
通州区	213687	220558	-3.1	228.1	204.8	11.4	107078	93541	14.5
顺义区	417274	444016	-6.0	548.3	519.2	5.6	129994	116875	11.2
昌平区	284500	289060	-1.6	351.3	305.3	15.1	121431	106637	13.9
大兴区	481589	496362	-3.0	624.8	541.0	15.5	127692	110626	15.4
怀柔区	88238	89775	-1.7	105.2	97.5	7.9	117835	108736	8.4
平谷区	97863	116024	-15.7	91.7	93.3	-1.7	91306	78696	16.0
密云区	88214	96522	-8.6	94.3	89.4	5.5	102440	93014	10.1
延庆区	66581	67997	-2.1	55.5	51.0	8.8	83112	75463	10.1

3-14 年末实有登记失业人员

单位：人

各 区	2018	2017
全 市	**102355**	**92157**
东 城 区	4671	4693
西 城 区	6890	6969
朝 阳 区	7446	8366
丰 台 区	8745	9496
石景山区	4119	4590
海 淀 区	11111	11000
门头沟区	3519	3730
房 山 区	7180	7587
通 州 区	16787	5830
顺 义 区	3988	4266
昌 平 区	5895	5215
大 兴 区	11380	9546
怀 柔 区	2694	2678
平 谷 区	2665	2743
密 云 区	2568	2595
延 庆 区	2665	2817
北京经济技术开发区	32	36

资料来源：北京市人力资源和社会保障局。

3-15 地区生产总值

单位：万元

各 区	地区生产总值		第一产业		第二产业		第三产业	
	2018	增长速度(%)	2018	增长速度(%)	2018	增长速度(%)	2018	增长速度(%)
全 市	**303199800**	**6.6**	**1186900**	**-2.3**	**56476500**	**4.2**	**245536400**	**7.3**
东城区	24256745	6.3			895804	2.7	23360941	6.4
西城区	42438565	6.5			3728838	10.0	38709727	6.1
朝阳区	60935117	6.5	20853	70.5	4042448	3.3	56871816	6.7
丰台区	15510550	6.4	9038	19.6	3096845	5.7	12404667	6.5
石景山区	5845964	7.0			1609637	-1.0	4236327	10.3
海淀区	64795017	7.7	16359	6.5	6555635	2.4	58223023	8.3
门头沟区	1880605	6.2	33259	202.6	775531	-6.3	1071815	14.9
房山区	7617824	6.5	134852	0.4	4463989	3.6	3018983	10.9
通州区	8324115	7.5	158954	-3.0	3823320	2.3	4341841	12.8
顺义区	18640244	6.1	172698	-8.4	6701682	-0.6	11765864	10.4
昌平区	9020251	6.4	75517	-4.7	3188455	0.1	5756279	10.3
大兴区	7003773	7.0	134766	-23.0	2594389	4.2	4274618	10.1
怀柔区	3092999	6.3	66991	0.7	1609203	-3.1	1416805	19.7
平谷区	2510040	5.2	152899	-6.7	949900	-3.1	1407241	13.3
密云区	3001686	6.1	133227	-8.4	1172957	2.3	1695502	10.3
延庆区	1518975	8.5	76801	11.6	525275	17.2	916899	4.0
北京经济技术开发区	15094761	10.6			10001436	12.1	5093325	7.5

注：1. 本表行业划分执行《国民经济行业分类》（GB/T 4754-2011）标准（下表同）。
2. 表中增长速度按可比价格计算。
3. 地区生产总值各区合计数不等于全市是由于各区的数据中扣除了划归市一级核算部分。

3-15 续表1

单位：万元

各区	地区生产总值按行业分							
	农林牧渔业		工业		建筑业		批发和零售业	
	2018	增长速度(%)	2018	增长速度(%)	2018	增长速度(%)	2018	增长速度(%)
全市	**1211100**	**-2.3**	**44646400**	**4.5**	**12749300**	**3.3**	**25304200**	**0.6**
东城区			406038	-0.4	489924	5.6	2315769	1.5
西城区			2770332	10.6	946425	8.1	2813624	1.0
朝阳区	21651	65.7	3207052	2.7	1557992	4.8	10814159	0.4
丰台区	9411	18.4	1523542	9.5	1581962	2.1	1188734	0.6
石景山区			786340	-4.4	825580	2.7	255105	2.7
海淀区	18183	5.1	4906951	8.6	1660667	-13.5	2987960	-0.3
门头沟区	33476	198.0	619741	-9.8	156601	12.2	79695	4.9
房山区	138622	0.3	3912453	3.7	564757	3.5	233556	4.6
通州区	161750	-3.0	2097871	-3.8	1726670	11.7	505316	2.0
顺义区	177808	-8.1	6075503	-1.6	795422	8.1	712890	4.8
昌平区	77553	-4.6	2972203	-1.5	388153	16.6	252437	1.4
大兴区	137237	-22.7	1953404	0.9	643299	16.7	385645	1.3
怀柔区	67208	0.7	1326697	-4.9	283742	7.5	53902	1.4
平谷区	153697	-6.6	611386	-9.1	339026	11.1	75889	2.6
密云区	135501	-8.3	792915	-0.7	380806	9.8	86603	2.6
延庆区	78267	11.3	314536	10.1	207807	30.7	44777	0.4
北京经济技术开发区			9603482	11.6	416162	26.6	2665596	5.8

3-15 续表2

单位：万元

各区	地区生产总值按行业分							
	交通运输、仓储和邮政业		住宿和餐饮业		信息传输、软件和信息技术服务业		金融业	
	2018	增长速度(%)	2018	增长速度(%)	2018	增长速度(%)	2018	增长速度(%)
全　市	**13462100**	**7.0**	**4407600**	**1.6**	**38589800**	**19.0**	**50845600**	**7.2**
东城区	514439	11.4	649376	0.8	3229475	19.4	5625735	5.3
西城区	964931	1.6	481000	0.7	1647996	8.9	20348874	10.5
朝阳区	3442054	19.7	1178683	1.9	5133287	26.3	7724536	7.3
丰台区	612235	15.0	313325	2.8	613220	0.4	1807357	3.7
石景山区	84679	-7.4	73336	3.6	997134	4.4	546270	8.8
海淀区	522565	0.5	777238	1.1	21246944	19.1	6113244	7.1
门头沟区	30425	17.5	21797	3.6	1401	-2.0	133763	16.2
房山区	159449	-0.2	62416	3.0	39783	1.3	336889	14.4
通州区	133316	16.1	90544	3.3	19187	5.0	670202	18.6
顺义区	5816293	9.3	162231	1.8	19963	15.1	1675725	8.7
昌平区	36438	7.8	197914	2.9	290993	3.3	614819	10.5
大兴区	195106	-0.1	51888	3.6	29110	2.6	487195	18.1
怀柔区	37930	-4.6	50725	2.7	11269	36.3	164709	11.8
平谷区	87414	6.0	36275	4.6	6518	33.0	137726	25.2
密云区	25317	4.7	50310	1.9	4178	20.7	152572	10.9
延庆区	165980	6.1	23686	-0.4	240	17.7	59197	2.6
北京经济技术开发区	339470	0.7	192839	2.3	504475	12.6	260218	7.0

3-15 续表3

单位：万元

各　区	地区生产总值按行业分							
	房地产业		租赁与商务服务业		科学研究和技术服务业		水利、环境和公共设施管理业	
	2018	增长速度(%)	2018	增长速度(%)	2018	增长速度(%)	2018	增长速度(%)
全　市	**17482700**	**-0.4**	**20166300**	**1.9**	**32239100**	**10.4**	**2351500**	**3.7**
东城区	1062605	-19.8	2256296	1.3	2641911	5.9	126845	7.2
西城区	1529022	3.7	2836766	-0.2	2470680	0.2	193636	-2.3
朝阳区	4713678	-6.9	10336502	7.8	6254608	10.0	511397	8.0
丰台区	1290328	1.7	1333124	1.4	2786051	15.9	176177	3.4
石景山区	345691	-2.3	249745	12.9	536116	19.0	60139	22.6
海淀区	2392417	-7.0	2010576	1.1	10502350	5.2	518294	0.7
门头沟区	185298	11.7	43218	21.7	85658	3.0	13359	8.4
房山区	794555	9.4	93599	4.2	300424	12.1	54144	11.1
通州区	1147849	17.7	91481	0.7	219984	10.0	87345	2.1
顺义区	860403	3.3	688704	3.2	496277	35.1	82093	33.4
昌平区	1125742	11.7	307853	11.9	1283077	15.7	142061	-0.3
大兴区	971304	4.4	175466	18.5	357886	11.6	73640	15.0
怀柔区	205652	10.0	63854	38.3	145690	111.7	68492	9.9
平谷区	276624	24.9	35759	-5.6	23140	12.5	20603	14.3
密云区	299694	1.1	90797	12.0	68515	14.4	206938	29.5
延庆区	102379	-2.4	17720	28.3	19496	11.5	79769	6.6
北京经济技术开发区	105126	22.1	147763	10.4	780661	15.5	26606	11.7

3-15 续表4

单位：万元

各区	地区生产总值按行业分									
	居民服务、修理和其他服务业		教育		卫生和社会工作		文化、体育和娱乐业		公共管理、社会保障和社会组织	
	2018	增长速度(%)	2018	增长速度(%)	2018	增长速度(%)	2018	增长速度(%)	2018	增长速度(%)
全 市	**1832800**	**4.1**	**14321200**	**6.7**	**7604600**	**8.7**	**6458700**	**5.7**	**9526600**	**5.8**
东城区	113008	-0.1	797614	7.3	1097522	14.1	1128608	18.9	1801580	13.4
西城区	153113	-2.0	914373	0.1	1379899	4.4	1044640	2.7	1943254	…
朝阳区	493400	2.6	2108477	6.0	1438830	7.5	813627	-0.2	1185184	7.0
丰台区	189053	2.4	598250	10.2	478434	6.4	341321	9.8	668026	8.2
石景山区	91749	32.9	395086	19.1	216122	26.7	162660	7.2	220212	26.7
海淀区	296105	0.9	5958587	4.0	1306786	1.5	2559847	0.5	1016303	3.0
门头沟区	34888	25.0	111623	26.4	89049	17.3	15428	-2.0	225185	20.3
房山区	41923	10.0	348327	20.6	202986	17.6	19462	-0.2	314479	14.0
通州区	73725	5.0	549793	9.0	349670	22.1	21144	18.3	378268	12.9
顺义区	80324	4.0	394118	26.0	197539	40.8	25099	21.7	379852	41.8
昌平区	94844	-0.2	655923	14.6	230224	6.3	36144	-1.2	313873	14.0
大兴区	54695	2.8	738648	17.4	230391	13.5	38129	4.3	480730	12.6
怀柔区	20658	15.6	183549	23.9	93766	20.1	127072	14.2	188084	14.5
平谷区	28911	2.5	242471	10.1	149105	12.3	16683	-26.3	268813	15.2
密云区	27417	11.2	273873	12.6	107380	21.0	11607	18.5	287263	5.5
延庆区	14407	30.3	151096	3.9	60547	2.3	27275	9.6	151796	2.2
北京经济技术开发区	19144	-0.3	25066	6.1			1650	1.6	6503	6.0

3–16 一般公共预算收入

单位：万元

各 区	2018	2017	增长速度(%)	#税收收入					
				2018	2017	增长速度(%)	#增值税		
							2018	2017	增长速度(%)
全 市	**57859176**	**54307875**	**6.5**	**49888302**	**46766807**	**6.7**	**18014341**	**16719016**	**7.7**
东城区	1756221	1721743	2.0	1581766	1627943	-2.8	520000	455022	14.3
西城区	4308469	4221153	2.1	4063695	3954287	2.8	1434106	1342584	6.8
朝阳区	5336837	5081671	5.0	4822266	4599581	4.8	1692374	1562037	8.3
丰台区	1216034	1131147	7.5	1047354	1019664	2.7	410934	394550	4.2
石景山区	621373	564436	10.1	534487	489786	9.1	241392	225213	7.2
海淀区	4460066	4169245	7.0	3924700	3816168	2.8	1543291	1503460	2.6
门头沟区	315761	296252	6.6	244284	209274	16.7	99341	91109	9.0
房山区	646540	602470	7.3	477320	466115	2.4	227945	231880	-1.7
通州区	830715	792308	4.8	656888	731063	-10.1	271576	284173	-4.4
顺义区	1593016	1488802	7.0	1256256	1164435	7.89	574937	508607	13.0
昌平区	949900	843364	12.6	808878	714419	13.2	299610	294104	1.9
大兴区	923531	847148	9.0	610348	606677	0.6	255108	253778	0.5
怀柔区	404778	379793	6.6	300064	289405	3.7	144518	138304	4.5
平谷区	300523	296339	1.4	203328	203850	-0.3	101533	86260	17.7
密云区	362976	330388	9.9	286916	238254	20.4	108938	102909	5.9
延庆区	191670	161608	18.6	129946	112663	15.3	44362	41337	7.3

注：各区财政收入为区级财政收入，故表中分区数据之和不等于全市合计。

资料来源：北京市财政局。

3-16 续表

单位：万元

各 区	#企业所得税			#土地增值税			#房产税		
	2018	2017	增长速度(%)	2018	2017	增长速度(%)	2018	2017	增长速度(%)
全 市	**12877443**	**12298016**	**4.7**	**2091273**	**2889857**	**-27.6**	**2995218**	**2731073**	**9.7**
东城区	513110	455165	12.7	24816	223732	-88.9	281856	260900	8.0
西城区	1517974	1581425	-4.0	138772	60413	129.7	436402	407814	7.0
朝阳区	1262654	1217975	3.7	205993	288255	-28.5	977824	885398	10.4
丰台区	225089	206381	9.1	67427	98350	-31.4	165640	146033	13.4
石景山区	111923	109781	2.0	36424	25408	43.4	44544	40179	10.9
海淀区	1130707	1077584	4.9	72206	161501	-55.3	477259	425954	12.0
门头沟区	53662	47894	12.0	43436	23262	86.7	9427	10262	-8.1
房山区	48719	63641	-23.4	50079	44057	13.7	32207	27725	16.2
通州区	118744	136261	-12.9	80762	149531	-46.0	68160	58611	16.3
顺义区	283167	260743	8.6	77514	93759	-17.3	143340	138032	3.8
昌平区	204485	148278	37.9	54464	56944	-4.4	110483	97343	13.5
大兴区	105138	106343	-1.1	76429	91535	-16.5	76993	70740	8.8
怀柔区	57059	56971	0.2	21090	27648	-23.7	21883	22628	-3.3
平谷区	32193	34002	-5.3	22330	43965	-49.2	12005	9632	24.6
密云区	50330	38336	31.3	53416	29619	80.3	27731	25130	10.4
延庆区	60246	39379	53.0	1437	3490	-58.8	6525	6723	-2.9

3-17　一般公共预算支出

单位：万元

各　区	2018	2017	增长速度(%)	一般公共预算支出中		
				#一般公共服务		
				2018	2017	增长速度(%)
全　市	**74714332**	**68245284**	**9.5**	**5124003**	**4932429**	**3.9**
东城区	2515731	2438281	3.2	291406	227088	28.3
西城区	4297074	4307720	-0.2	298020	250047	19.2
朝阳区	5632186	5133786	9.7	227195	211183	7.6
丰台区	2477544	2274106	8.9	268357	246075	9.1
石景山区	1245731	986534	26.3	107988	84655	27.6
海淀区	6593246	6190723	6.5	453916	385009	17.9
门头沟区	1063385	952050	11.7	105339	97695	7.8
房山区	2587255	2177075	18.8	245340	220084	11.5
通州区	4054044	3206504	26.4	206270	169536	21.7
顺义区	3150116	2431006	29.6	277356	219484	26.4
昌平区	1920285	1846993	4.0	192762	132026	46.0
大兴区	2599185	2290216	13.5	202196	174677	15.8
怀柔区	1533677	1351031	13.5	144353	131856	9.5
平谷区	1323096	1311741	0.9	128283	113740	12.8
密云区	1806818	1509179	19.7	160292	133767	19.8
延庆区	1401207	1215872	15.2	122126	94489	29.2

注：各区财政支出为区级财政支出，故表中分区数据之和不等于全市合计。
资料来源：北京市财政局。

3-17 续表1

单位：万元

各区	一般公共预算支出中					
	#社会保障和就业			#科学技术		
	2018	2017	增长速度(%)	2018	2017	增长速度(%)
全　市	**8356530**	**7953805**	**5.1**	**4258712**	**3617581**	**17.7**
东城区	341544	413503	-17.4	11905	19378	-38.6
西城区	628183	621852	1.0	33437	32579	2.6
朝阳区	1575810	1462034	7.8	117687	100125	17.5
丰台区	662452	514906	28.7	40725	47102	-13.5
石景山区	219385	181059	21.2	7278	11683	-37.7
海淀区	944130	1010408	-6.6	412424	260187	58.5
门头沟区	120418	134254	-10.3	3241	3588	-9.7
房山区	328190	291843	12.5	6196	8668	-28.5
通州区	364132	265551	37.1	14998	21626	-30.6
顺义区	209362	213014	-1.7	8664	8502	1.9
昌平区	264489	265277	-0.3	38047	33454	13.7
大兴区	284266	294350	-3.4	5164	6042	-14.5
怀柔区	158428	106358	49.0	94056	29568	218.1
平谷区	196426	200105	-1.8	10458	10128	3.3
密云区	249613	184674	35.2	33106	29778	11.2
延庆区	140137	115218	21.6	32049	2145	1394.1

3-17 续表2

单位：万元

各　区	一般公共预算支出中					
	#教　育			#医疗卫生与计划生育		
	2018	2017	增长速度(%)	2018	2017	增长速度(%)
全　市	**10255070**	**9646184**	**6.3**	**4900949**	**4278670**	**14.5**
东城区	654843	635778	3.0	185006	163876	12.9
西城区	583305	590134	-1.2	328225	316554	3.7
朝阳区	966502	967975	-0.2	451958	434904	3.9
丰台区	466070	376731	23.7	127241	122116	4.2
石景山区	173854	163417	6.4	62516	58848	6.2
海淀区	1158588	1049073	10.4	268430	256564	4.6
门头沟区	155423	165578	-6.1	50590	53264	-5.0
房山区	456272	389072	17.3	138307	130920	5.6
通州区	383565	362920	5.7	278274	228528	21.8
顺义区	428871	395804	8.4	211049	191266	10.3
昌平区	384392	351792	9.3	123183	122624	0.5
大兴区	423750	396903	6.8	175475	151957	15.5
怀柔区	223460	189203	18.1	116621	101321	15.1
平谷区	220219	205419	7.2	76458	67581	13.1
密云区	235580	209387	12.5	139252	116465	19.6
延庆区	203646	238158	-14.5	82062	60996	34.5

3-17 续表3

单位：万元

各 区	一般公共预算支出中					
	#节能环保			#交通运输		
	2018	2017	增长速度(%)	2018	2017	增长速度(%)
全 市	**3994452**	**4584403**	**-12.9**	**4629944**	**4464768**	**3.7**
东城区	26598	41864	-36.5		29517	
西城区	25057	44516	-43.7	90	90	
朝阳区	196764	181000	8.7	1587	1349	17.6
丰台区	30379	124440	-75.6	1100	2100	-47.6
石景山区	14828	31794	-53.4	260	260	
海淀区	107738	521071	-79.3	240	107	124.3
门头沟区	37747	46145	-18.2	6675	7027	-5.0
房山区	382272	267561	42.9	32086	36269	-11.5
通州区	241756	578189	-58.2	37970	37173	2.1
顺义区	449647	224662	100.1	52576	37319	40.9
昌平区	192107	200112	-4.0	16375	24424	-33.0
大兴区	149346	135894	9.9	23556	7604	209.8
怀柔区	61960	68752	-9.9	12015	10478	14.7
平谷区	71349	116413	-38.7	21948	125051	-82.4
密云区	198784	141447	40.5	27331	16593	64.7
延庆区	38865	63037	-38.3	41967	16329	157.0

3-17 续表4

单位：万元

各区	一般公共预算支出中					
	#农林水			#城乡社区		
	2018	2017	增长速度(%)	2018	2017	增长速度(%)
全 市	**5760413**	**5183464**	**11.1**	**12462151**	**10341398**	**20.5**
东城区	2906	8721	-66.7	668909	570790	17.2
西城区	6086	2871	112.0	1740226	1775298	-2.0
朝阳区	501813	394367	27.2	634209	572359	10.8
丰台区	102662	131134	-21.7	353424	356876	-1.0
石景山区	37966	39089	-2.9	407282	224449	81.5
海淀区	150715	121120	24.4	2139301	1509555	41.7
门头沟区	166124	116463	42.6	258091	147330	75.2
房山区	382657	284016	34.7	185408	221921	-16.5
通州区	998659	681750	46.5	719965	526251	36.8
顺义区	347535	377896	-8.0	485488	319130	52.1
昌平区	298417	245930	21.3	162488	170822	-4.9
大兴区	304406	307435	-1.0	707520	552373	28.1
怀柔区	277392	206343	34.4	188379	294995	-36.1
平谷区	177622	174851	1.6	223476	105841	111.1
密云区	321168	267406	20.1	260958	235581	10.8
延庆区	389857	260388	49.7	223986	201880	11.0

3-18 全社会固定资产投资增速

单位：%

各 区	全社会固定资产投资		#房地产开发投资		#基础设施投资	
	2018	2017	2018	2017	2018	2017
全 市	**-9.9**	**5.7**	**3.4**	**-7.4**	**-10.7**	**24.4**
东城区	1.2	7.6	176.3	-13.2	-7.0	-17.9
西城区	-20.4	17.4	-67.0	125.5	53.1	43.4
朝阳区	-7.5	7.8	-13.0	22.4	-17.5	9.2
丰台区	-23.7	2.4	24.7	-37.5	-20.6	28.3
石景山区	1.1	20.1	-30.2	32.2	5.6	-18.4
海淀区	-5.9	15.3	16.7	6.4	10.4	-12.7
门头沟区	-65.1	12.4	-70.7	8.3	-57.8	15.8
房山区	-34.4	2.1	-33.8	-3.4	-50.7	45.4
通州区	-21.8	12.2	-9.9	-15.2	-15.8	90.5
顺义区	-10.3	6.4	37.1	-21.7	-48.9	56.5
昌平区	-14.9	-8.1	-14.2	-11.3	-22.0	20.3
大兴区	25.4	-1.0	62.5	-29.9	20.8	35.5
怀柔区	5.8	16.9	46.1	-23.8	-7.9	32.0
平谷区	31.5	-38.4	83.5	-62.9	14.7	42.9
密云区	8.9	3.9	81.7	-16.7	-19.7	22.3
延庆区	77.1	43.7	467.5	-26.7	10.6	66.4
北京经济技术开发区	-6.4	-7.3	61.1	12.2	-30.7	47.5

注：本表按项目所在建设地地址划分。

3-19 房屋建筑施工及竣工面积

单位：万平方米

各 区	施工面积			竣工面积		
	2018	2017	增长速度(%)	2018	2017	增长速度(%)
全 市	**17956.3**	**21512.7**	**-16.5**	**2384.9**	**2671.1**	**-10.7**
东城区	183.0	204.2	-10.4	18.7	38.0	-50.7
西城区	147.7	172.1	-14.2	23.3	36.2	-35.6
朝阳区	3083.5	3095.9	-0.4	244.9	399.2	-38.6
丰台区	1891.9	1793.4	5.5	213.4	296.2	-27.9
石景山区	382.6	429.7	-10.9	22.0	62.3	-64.6
海淀区	1869.1	1817.5	2.8	215.7	244.9	-11.9
门头沟区	660.7	782.5	-15.6	226.8	66.4	241.6
房山区	1078.9	1810.8	-40.4	181.9	287.4	-36.7
通州区	2207.2	4643.5	-52.5	250.4	155.7	60.8
顺义区	1764.9	1587.7	11.2	291.1	190.0	53.3
昌平区	1458.9	1654.4	-11.8	216.7	215.9	0.4
大兴区	1471.0	1453.7	1.2	217.7	185.5	17.4
怀柔区	287.9	305.5	-5.8	43.9	51.2	-14.2
平谷区	276.1	341.5	-19.2	84.7	110.4	-23.2
密云区	303.5	314.9	-3.6	65.5	95.0	-31.0
延庆区	225.6	181.7	24.2	33.2	39.0	-15.0
北京经济技术开发区	663.9	923.8	-28.1	34.8	197.9	-82.4

3-20 商品房基本情况

单位：万平方米

各 区	房屋施工面积			房屋竣工面积		
	2018	2017	增长速度(%)	2018	2017	增长速度(%)
全 市	**12962.6**	**12608.6**	**2.8**	**1557.9**	**1466.7**	**6.2**
东城区	121.5	154.9	-21.5	17.5	33.8	-48.3
西城区	73.0	117.7	-38.0	6.0	29.4	-79.7
朝阳区	2235.3	2158.0	3.6	142.8	236.5	-39.6
丰台区	1531.5	1523.0	0.6	103.9	245.1	-57.6
石景山区	346.5	383.1	-9.5	19.2	61.2	-68.7
海淀区	1142.4	1109.2	3.0	145.5	134.8	7.9
门头沟区	391.1	419.4	-6.8	102.3	61.3	66.8
房山区	765.8	779.5	-1.8	158.2	160.2	-1.2
通州区	1539.8	1456.7	5.7	180.1	110.2	63.4
顺义区	1292.7	1108.3	16.6	189.3	105.1	80.1
昌平区	1033.1	1114.7	-7.3	139.0	74.1	87.6
大兴区	1165.1	1084.2	7.5	121.6	86.2	41.1
怀柔区	187.9	151.7	23.8	38.3	9.5	302.9
平谷区	232.4	217.0	7.1	81.7	21.8	274.1
密云区	286.7	248.0	15.6	55.3	41.9	32.2
延庆区	172.5	103.1	67.4	31.5	4.9	543.7
北京经济技术开发区	445.2	480.0	-7.2	25.8	50.7	-49.2

3-20 续表

单位：万平方米

各区	商品房销售面积			#住宅销售面积		
	2018	2017	增长速度(%)	2018	2017	增长速度(%)
全市	**696.2**	**875.0**	**-20.4**	**526.8**	**612.8**	**-14.0**
东城区	1.0	7.0	-85.6	0.6	4.1	-85.2
西城区	2.7	3.7	-26.3	1.6	3.1	-46.4
朝阳区	40.2	102.5	-60.7	32.1	77.5	-58.6
丰台区	73.2	102.2	-28.4	53.9	76.0	-29.0
石景山区	28.6	75.0	-61.9	24.1	55.4	-56.5
海淀区	26.4	31.8	-16.9	18.5	21.8	-15.0
门头沟区	32.4	33.1	-2.2	20.4	23.7	-13.8
房山区	46.5	63.8	-27.1	28.4	40.0	-28.9
通州区	81.1	58.7	38.2	51.1	28.9	77.0
顺义区	76.2	78.3	-2.7	52.5	64.2	-18.1
昌平区	107.5	110.0	-2.3	94.1	89.0	5.7
大兴区	45.1	89.9	-49.8	30.7	33.5	-8.5
怀柔区	17.5	16.4	6.6	16.5	15.3	8.1
平谷区	39.9	21.6	84.4	33.8	15.8	113.9
密云区	38.5	38.4	0.4	36.6	33.4	9.7
延庆区	8.5	19.2	-55.6	7.9	19.0	-58.3
北京经济技术开发区	30.7	23.5	30.8	23.7	12.2	94.6

注：销售面积为期房与现房销售面积之和。

3-21 保障性住房基本情况

单位：万平方米

各　区	保障性住房施工面积			保障性住房竣工面积		
	2018	2017	增长速度(%)	2018	2017	增长速度(%)
全　　市	**5484.9**	**4277.5**	**28.2**	**664.7**	**351.7**	**89.0**
东城区	33.7	33.7				
西城区	10.3	10.3				
朝阳区	820.4	636.6	28.9	75.9	43.7	73.9
丰台区	774.1	721.7	7.2	49.6	137.6	-64.0
石景山区	125.1	153.7	-18.6		31.8	
海淀区	757.2	604.9	25.2	59.8	54.0	10.7
门头沟区	109.4	54.8	99.5	42.2		
房山区	374.6	264.5	41.6	102.6	33.3	208.0
通州区	474.2	346.5	36.9	86.6	8.7	893.0
顺义区	561.2	353.1	58.9	82.9	17.0	387.0
昌平区	451.0	369.2	22.2	75.3	10.0	652.8
大兴区	654.4	537.9	21.7	47.6		
怀柔区	90.2	58.5	54.0	22.9		
平谷区	55.7	14.6	280.7	3.0	2.8	6.8
密云区	59.9	38.3	56.6	2.7	7.9	-66.3
延庆区	108.8	64.7	68.4	13.7	4.9	180.4
北京经济技术开发区	24.7	14.5	69.7			

3-22 能源消费基本情况

各　区	能源消费总量增长速度 (%)		万元地区生产总值能耗下降率 (%)	
	2018	2017	2018	2017
全　市	**2.56**	**2.46**	**3.82**	**4.01**
东城区	2.81	2.41	3.24	3.69
西城区	1.62	1.04	4.54	5.14
朝阳区	1.83	1.33	4.34	4.90
丰台区	2.33	1.88	3.80	4.29
石景山区	1.99	-2.64	4.66	9.19
海淀区	1.21	1.91	6.04	4.99
门头沟区	1.10	-5.70	4.82	11.82
房山区	3.38	4.06	2.90	2.26
通州区	1.96	-2.61	5.13	9.88
顺义区	4.62	5.62	1.36	0.60
昌平区	2.23	1.57	3.88	6.36
大兴区	1.74	-0.90	4.90	7.44
怀柔区	1.84	4.48	4.20	2.86
平谷区	-0.18	-1.91	5.15	5.84
密云区	0.92	0.24	4.88	6.39
延庆区	5.45	-1.15	2.85	8.82
北京经济技术开发区	8.26	3.17	2.07	8.02

注：万元地区生产总值能耗下降率按可比价计算。

3-23 全社会用电量情况(2018年)

单位：万千瓦时

各 区	合 计	第一产业	第二产业	第三产业	居民生活
全 市	**10384785**	**106382**	**2277021**	**5437818**	**2563564**
东城区	480539		15145	361518	103875
西城区	561586		22718	399478	139391
朝阳区	1870498	1797	194628	1228005	446069
丰台区	876740	556	122975	517424	235785
石景山区	201012	78	36048	112307	52579
海淀区	1459046	4007	134517	1007645	312877
门头沟区	118716	1342	25516	50324	41534
房山区	705006	14002	365975	162498	162531
通州区	669977	16879	171166	245142	236790
顺义区	760621	16020	251066	288119	205417
昌平区	757151	14649	159313	370164	213024
大兴区	587524	13487	147127	248282	178628
怀柔区	202524	6033	75530	68924	52037
平谷区	174375	9032	56785	47116	61443
密云区	203382	5309	71615	64177	62281
延庆区	122042	3189	24218	65159	29476
北京经济技术开发区	634046		402680	201537	29829

注：由于线损和区域电厂实行集中管理，此表全市及各区未统计线损电量和电厂厂用电量。

资料来源：北京市电力公司。

3–24 农村基本情况

各 区	乡镇及行政村常住户数（万户）			乡镇及行政村常住人口（万人）			乡镇及行政村从业人员（万人）			乡镇及行政村农林牧渔业从业人员（万人）		
	2018	2017	增长速度(%)	2018	2017	增长速度(%)	2018	2017	增长速度(%)	2018	2017	增长速度(%)
全 市	**211.9**	**216.7**	**-2.2**	**558.0**	**566.6**	**-1.5**	**337.5**	**352.2**	**-4.2**	**45.0**	**48.3**	**-6.8**
朝阳区	21.3	24.8	-14.1	50.9	57.1	-11.0	34.6	38.4	-9.9	0.2	0.2	-17.2
丰台区	11.5	11.3	1.6	28.4	28.7	-1.2	16.8	17.5	-3.9	0.5	0.6	-17.9
海淀区	14.5	14.7	-1.3	37.8	38.1	-0.7	23.1	23.8	-3.1	0.9	0.9	-1.0
门头沟区	3.4	3.4	-1.1	6.8	7.1	-4.1	3.5	3.6	-2.2	0.6	0.7	-11.3
房山区	20.8	20.5	1.7	59.0	59.1	-0.2	30.6	31.5	-2.8	5.6	6.1	-8.3
通州区	29.1	28.6	1.7	77.6	77.5	0.1	39.2	40.1	-2.2	3.2	3.6	-11.2
顺义区	23.6	23.1	2.1	64.8	61.4	5.5	37.5	37.1	1.1	2.9	3.2	-10.5
昌平区	32.2	34.8	-7.5	79.1	83.7	-5.4	56.1	63.2	-11.2	2.7	2.7	-2.4
大兴区	15.5	15.5	0.5	49.7	49.3	0.8	30.5	30.5	-0.1	4.8	5.5	-11.7
怀柔区	8.9	9.1	-1.6	21.9	22.2	-1.3	13.6	13.9	-2.5	3.6	3.8	-6.6
平谷区	11.3	10.9	3.9	33.7	33.7	0.0	20.5	20.6	-0.4	7.5	7.6	-1.4
密云区	11.8	11.7	0.5	28.5	28.4	0.3	19.7	19.9	-0.9	8.6	9.1	-5.4
延庆区	8.0	8.3	-3.5	19.8	20.3	-2.3	11.8	12.2	-3.5	4.1	4.3	-5.2

3–24 续表

各区	农业机械总动力（万千瓦）			化肥施用量(折纯量)（吨）			农村用电量（万千瓦小时）		
	2018	2017	增长速度(%)	2018	2017	增长速度(%)	2018	2017	增长速度(%)
全　　市	**125.6**	**133.5**	**-5.9**	**72934.1**	**85493.7**	**-14.7**	**651370.2**	**615077.9**	**5.9**
朝 阳 区	0.2	0.4	-47.4	213.4	283.0	-24.6	73776.7	74643.8	-1.2
丰 台 区	1.2	1.7	-29.5	80.4	63.2	27.2	46625.3	57856.2	-19.4
海 淀 区	1.2	1.3	-2.7	692.9	980.4	-29.3	30423.2	30971.3	-2.0
门头沟区	0.9	1.2	-26.1	328.8	275.8	19.2	11169.1	12199.8	-8.4
房 山 区	9.9	10.7	-7.8	7027.9	8195.0	-14.2	62313.8	60998.1	2.2
通 州 区	12.0	13.1	-8.0	11777.9	17555.8	-32.9	90139.9	89761.3	0.4
顺 义 区	21.2	22.3	-4.7	14784.7	14901.5	-0.8	88337.4	67262.0	31.3
昌 平 区	4.8	4.7	3.2	1861.7	2022.1	-7.9	79759.1	72569.8	9.9
大 兴 区	14.6	15.7	-6.6	14213.8	16071.5	-11.6	39245.7	37871.9	3.6
怀 柔 区	12.1	12.5	-3.5	2410.4	3065.6	-21.4	27946.5	24311.5	15.0
平 谷 区	15.3	15.6	-1.9	6860.8	7259.1	-5.5	44400.8	41298.2	7.5
密 云 区	13.6	14.2	-4.3	5407.7	5712.6	-5.3	37846.5	28868.4	31.1
延 庆 区	9.3	11.0	-15.5	7273.7	9108.1	-20.1	19386.2	16465.6	17.7

注：全市农业机械总动力包含首农集团未分配到各区的农机具数据，故分区数据相加不等于全市。
资料来源：农业机械总动力由北京市农业农村局提供。

3-25 农林牧渔业总产值

单位：万元

各区	农林牧渔业总产值			农业			林业		
	2018	2017	增长速度(%)	2018	2017	增长速度(%)	2018	2017	增长速度(%)
全　市	**2967694.8**	**3083174.7**	**-3.7**	**1147488.9**	**1298303.6**	**-11.6**	**951268.5**	**588230.8**	**61.7**
朝阳区	49940.5	33280.2	50.1	2420.1	4968.7	-51.3	43255.8	22926.0	88.7
丰台区	22108.3	20797.0	6.3	5780.2	8839.8	-34.6	14218.6	9797.0	45.1
海淀区	43013.9	43711.1	-1.6	12817.2	15463.6	-17.1	20278.1	15134.4	34.0
门头沟区	75922.9	26982.1	181.4	3536.4	8900.4	-60.3	70184.4	13146.7	433.9
房山区	338213.5	357000.7	-5.3	134847.0	164106.9	-17.8	113252.2	59906.7	89.0
通州区	396245.7	408018.4	-2.9	140813.0	184545.6	-23.7	135399.9	75726.1	78.8
顺义区	463118.5	483405.8	-4.2	168742.5	177824.6	-5.1	99108.4	84212.2	17.7
昌平区	188694.6	203273.4	-7.2	77827.0	80585.9	-3.4	58078.7	52787.4	10.0
大兴区	316975.9	408028.1	-22.3	181140.7	202432.2	-10.5	90780.6	91506.9	-0.8
怀柔区	149446.9	154252.5	-3.1	37460.2	44509.8	-15.8	87067.2	62919.6	38.4
平谷区	394989.9	398083.6	-0.8	188242.9	194022.1	-3.0	58606.9	21613.4	171.2
密云区	326957.2	357788.7	-8.6	143642.7	161221.4	-10.9	90999.0	48071.0	89.3
延庆区	199644.8	176831.0	12.9	50219.0	50882.6	-1.3	70038.7	30483.4	129.8

注：全市农林牧渔业总产值中含远洋捕捞，各区不包括远洋捕捞数据，故分区数据相加不等于全市。

3-25 续表

单位：万元

各　区	农林牧渔业总产值								
	牧　业			渔　业			农林牧渔专业及辅助性活动		
	2018	2017	增长速度(%)	2018	2017	增长速度(%)	2018	2017	增长速度(%)
全　市	**719739.0**	**1013709.4**	**-29.0**	**61497.2**	**96072.6**	**-36.0**	**87701.2**	**86858.3**	**1.0**
朝阳区	132.1	283.3	-53.4	1128.2	2097.9	-46.2	3004.3	3004.3	
丰台区	694.4	745.1	-6.8				1415.1	1415.1	
海淀区	3014.1	6180.1	-51.2	4.5	33.0	-86.4	6900.0	6900.0	
门头沟区	1324.6	4057.5	-67.4				877.5	877.5	
房山区	71606.4	112896.7	-36.6	5122.9	6705.4	-23.6	13385.0	13385.0	
通州区	93059.5	111046.3	-16.2	17082.1	26809.2	-36.3	9891.2	9891.2	
顺义区	168927.9	191268.3	-11.7	8427.9	12188.9	-30.9	17911.8	17911.8	
昌平区	43822.2	60711.4	-27.8	1455.6	1677.6	-13.2	7511.1	7511.1	
大兴区	36138.0	103842.3	-65.2	50.3	1380.4	-96.4	8866.3	8866.3	
怀柔区	18969.9	38601.8	-50.9	5074.7	7346.4	-30.9	874.9	874.9	
平谷区	133402.2	165140.7	-19.2	11884.3	15296.7	-22.3	2853.6	2010.7	41.9
密云区	75665.3	131354.6	-42.4	7982.2	8473.7	-5.8	8668.0	8668.0	
延庆区	72982.4	87581.3	-16.7	862.3	2341.3	-63.2	5542.4	5542.4	

3-26 农作物播种面积

单位：公顷

各区	农作物播种面积			#粮食作物			#蔬菜及食用菌		
	2018	2017	增长速度(%)	2018	2017	增长速度(%)	2018	2017	增长速度(%)
全　市	**106266**	**125907**	**-15.6**	**55639**	**66844**	**-16.8**	**36010**	**41849**	**-14.0**
朝阳区	145	247	-41.5		2		108	205	-47.4
丰台区	172	214	-19.8	47	50	-5.8	119	146	-18.5
海淀区	1115	1091	2.1	473	411	15.0	574	566	1.4
门头沟区	1433	1762	-18.6	495	603	-18.0	65	83	-22.0
房山区	13458	15097	-10.9	7681	9166	-16.2	4389	4435	-1.0
通州区	10195	13266	-23.1	3463	4452	-22.2	6171	8110	-23.9
顺义区	18503	20593	-10.2	9320	9954	-6.4	5058	5885	-14.0
昌平区	2691	3266	-17.6	916	1306	-29.8	839	992	-15.4
大兴区	19012	23445	-18.9	5017	7405	-32.3	11489	13069	-12.1
怀柔区	5467	6835	-20.0	3612	4426	-18.4	652	759	-14.1
平谷区	6990	9805	-28.7	4994	6921	-27.8	1558	2490	-37.4
密云区	13798	15403	-10.4	9516	10756	-11.5	3253	3442	-5.5
延庆区	13288	14883	-10.7	10107	11392	-11.3	1735	1666	4.1

3-27 主要农产品产量

单位：吨

各　区	粮　食			蔬菜及食用菌			禽　蛋		
	2018	2017	增长速度(%)	2018	2017	增长速度(%)	2018	2017	增长速度(%)
全　市	**341437**	**411237**	**-17.0**	**1305512**	**1568184**	**-16.8**	**112471**	**156847**	**-28.3**
朝 阳 区		13		2299	4811	-52.2			
丰 台 区	230	252	-8.6	1509	2926	-48.4	343	342	0.3
海 淀 区	2475	2112	17.2	14707	17035	-13.7	40	165	-75.6
门头沟区	791	873	-9.3	818	3174	-74.2	73	110	-33.2
房 山 区	39181	47669	-17.8	145917	149470	-2.4	6088	8294	-26.6
通 州 区	21433	28014	-23.5	251121	352525	-28.8	2901	5008	-42.1
顺 义 区	54054	60763	-11.0	235965	259322	-9.0	3122	6876	-54.6
昌 平 区	3887	5620	-30.8	31598	37530	-15.8	2158	3372	-36.0
大 兴 区	30968	46388	-33.2	343982	418603	-17.8	1659	5199	-68.1
怀 柔 区	19076	25724	-25.8	17442	20194	-13.6	534	1601	-66.6
平 谷 区	27538	39471	-30.2	55079	88641	-37.9	57739	72650	-20.5
密 云 区	50254	60524	-17.0	146661	155244	-5.5	9963	16080	-38.0
延 庆 区	72251	81366	-11.2	58415	58709	-0.5	27850	37150	-25.0

注：全市粮食产量为抽样调查推算数据，故与各区数据合计数不等。

3-27 续表1

单位：吨

各区	干鲜果品			#鲜果			瓜类及草莓		
	2018	2017	增长速度(%)	2018	2017	增长速度(%)	2018	2017	增长速度(%)
全　市	**498910**	**611471**	**-18.4**	**463832**	**572324**	**-19.0**	**150747**	**171690**	**-12.2**
朝阳区	105	607	-82.6	105	607	-82.6	32	43	-23.9
丰台区	717	766	-6.4	717	766	-6.4	21	24	-12.9
海淀区	2738	3767	-27.3	2710	3741	-27.6	619	667	-7.2
门头沟区	1436	3268	-56.1	1305	3024	-56.9		5	
房山区	30958	33804	-8.4	30282	32865	-7.9	2103	2662	-21.0
通州区	30997	38645	-19.8	30885	38541	-19.9	6208	5978	3.8
顺义区	34299	49877	-31.2	34110	49660	-31.3	55959	56549	-1.0
昌平区	25562	32743	-21.9	23929	30505	-21.6	7126	7211	-1.2
大兴区	52723	59497	-11.4	52658	59490	-11.5	73326	94922	-22.8
怀柔区	20190	23336	-13.5	10023	12850	-22.0	317	470	-32.4
平谷区	237029	285369	-16.9	232025	279983	-17.1	1936	1314	47.4
密云区	51326	61703	-16.8	35677	44388	-19.6	625	491	27.5
延庆区	10830	18089	-40.1	9405	15903	-40.9	2474	1355	82.6

3-27 续表2

单位：吨

各区	肉类			#猪牛羊肉			牛奶		
	2018	2017	增长速度(%)	2018	2017	增长速度(%)	2018	2017	增长速度(%)
全　市	**174654**	**263925**	**-33.8**	**150740**	**217484**	**-30.7**	**310551**	**374213**	**-17.0**
朝阳区	…	17		…	17		218	286	-23.9
丰台区	82	130	-36.7	82	125	-34.2	21	36	-41.7
海淀区	556	1348	-58.8	527	1326	-60.3	1109	1662	-33.3
门头沟区	475	1515	-68.7	343	483	-29.0	21	24	-11.9
房山区	21778	35046	-37.9	18670	29617	-37.0	34240	35172	-2.6
通州区	23369	28616	-18.3	19209	23557	-18.5	78083	91082	-14.3
顺义区	51280	60869	-15.8	48251	55722	-13.4	35103	45387	-22.7
昌平区	6161	9352	-34.1	5443	8415	-35.3	24715	24760	-0.2
大兴区	9038	31310	-71.1	7515	25470	-70.5	32206	63366	-49.2
怀柔区	4042	11834	-65.8	3363	9517	-64.7	219	2825	-92.2
平谷区	34357	44077	-22.1	29794	35836	-16.9	896	2036	-56.0
密云区	11286	27149	-58.4	8301	18284	-54.6	64020	66599	-3.9
延庆区	12230	12660	-3.4	9242	9114	1.4	39701	40979	-3.1

3-27 续表3

单位：百枝、百盆

各　区	鲜切花			盆栽花			盆栽观叶植物		
	2018	2017	增长速度 (%)	2018	2017	增长速度 (%)	2018	2017	增长速度 (%)
全　市	**409418**	**380947**	**7.5**	**1506823**	**1420094**	**6.1**	**11272**	**4326**	**160.5**
朝阳区									
丰台区				2000	12000	-83.3			
海淀区				3190	3617	-11.8		55	
门头沟区		2880							
房山区	8699	6610	31.6	85998	120135	-28.4	3600		
通州区	70350	112840	-37.7	60505	90223	-32.9	4163	1434	190.3
顺义区	58864	62901	-6.4	871710	708685	23.0	2110	783	169.3
昌平区	53281	84392	-36.9	67460	69074	-2.3	987	353	179.9
大兴区	9148	11126	-17.8	380230	369878	2.8	11	1216	-99.1
怀柔区	781	1503	-48.0	4567	2192	108.4	35	60	-41.7
平谷区	15875	19100	-16.9	1795	1225	46.5		40	
密云区		81		482	479	0.6	250	311	-19.5
延庆区	192420	79514	142.0	28887	42587	-32.2	116	75	55.5

3–28 水产品产量

单位：吨

各 区	2018	2017	增长速度(%)
全 市	**30028**	**45099**	**-33.4**
朝阳区	341	312	9.3
丰台区	4	10	-60.0
海淀区			
门头沟区			
房山区	2526	2882	-12.4
通州区	4519	5701	-20.7
顺义区	5174	7164	-27.8
昌平区	739	916	-19.3
大兴区	557	861	-35.3
怀柔区	1812	2549	-28.9
平谷区	8373	10481	-20.1
密云区	3470	3604	-3.7
延庆区	807	1618	-50.1

注：全市合计数中含远洋捕捞数据(2018年为1706吨，2017年为9001吨)，分区数据不包括，故分区数据相加不等于全市。
资料来源：北京市农业农村局。

3-29 生猪饲养和产量情况(2018年)

各　区	年末生猪存栏 (头)	生猪出栏 (头)	猪肉产量 (吨)
全　市	**454345**	**1694411**	**135324.9**
丰 台 区		620	46.3
海 淀 区	1152	4430	313.3
门头沟区		4345	330.0
房 山 区	43664	224828	17271.9
通 州 区		196976	16203.3
顺 义 区	253669	541174	44450.6
昌 平 区	17737	64520	4840.5
大 兴 区		78090	6163.5
怀 柔 区	13971	34737	2612.1
平 谷 区	75228	353615	28395.8
密 云 区	31288	86760	6624.5
延 庆 区	17636	104316	8073.1

3-30 农业观光园情况

各区	农业观光园个数(个)		高峰期从业人员(人)		接待人次(人次)		经营总收入(万元)	
	2018	2017	2018	2017	2018	2017	2018	2017
全市	**1172**	**1216**	**39726**	**39624**	**18975918**	**21052828**	**272657**	**299171.5**
朝阳区	11	11	1344	1460	544850	698364	51194	50330.1
丰台区	11	13	800	884	2629190	2650768	19439	16346.9
海淀区	76	66	2990	2767	319829	356761	6096	6378.9
门头沟区	65	66	771	902	274981	398404	2376	3823.1
房山区	73	72	2162	2309	1306728	1418350	11140	14591.0
通州区	58	62	2566	2792	1028977	1110975	22471	29653.5
顺义区	53	54	2121	2239	1280408	931715	8413	10167.3
昌平区	186	199	6749	6654	1351791	1767992	33036	36977.7
大兴区	68	84	2626	3066	1069339	1261529	9981	11989.8
怀柔区	181	206	2302	2324	1677682	1984409	17699	20805.5
平谷区	187	194	8574	8649	3349903	3618729	27601	30996.3
密云区	141	143	4711	4056	3152284	3496794	52504	58440.0
延庆区	62	46	2010	1522	989956	1358038	10707	8671.4

3-31 民俗旅游情况

各 区	民俗旅游接待户数(户)		高峰期从业人员(人)		民俗旅游接待人次(人次)		民俗旅游总收入(万元)	
	2018	2017	2018	2017	2018	2017	2018	2017
全 市	**7783**	**8363**	**21203**	**22455**	**20423166**	**22321317**	**130361.7**	**142021.7**
朝阳区	3	3	5	5	1100	547	4.8	3.0
海淀区	20	20	48	56	37327	40274	231.9	250.8
门头沟区	424	436	1104	1097	560362	658513	4642.5	4827.6
房山区	1127	1254	2190	2079	1587101	1608497	8239.2	8211.4
通州区	75	76	159	53	33886	33660	1261.0	679.8
顺义区	42	32	131	205	133356	140294	320.3	619.3
昌平区	344	352	1610	1655	2448179	2560062	10848.0	11002.4
大兴区	67	74	526	594	391055	395776	1424.1	1543.1
怀柔区	1411	1495	3854	4218	2400990	2716473	18711.5	21072.6
平谷区	1077	1374	4049	4688	3902716	4345902	24712.8	29241.5
密云区	2095	2157	4410	4580	4461721	4841860	31264.2	33402.8
延庆区	1098	1090	3117	3225	4465373	4979459	28701.4	31167.4

注：民俗旅游接待户数为实际经营的户数。

3-32 设施农业生产情况(2018年)

各 区	设施农业播种面积(公顷)	设施农业总收入(万元)	#花卉苗木	设施农业产品产量 蔬菜及食用菌(吨)	瓜 果(吨)	园林水果(吨)
全 市	**32323.6**	**517295.6**	**37968.9**	**958410.6**	**137833.9**	**4456.3**
朝阳区	76.2	1807.1		1513.8	30.4	
丰台区	133.0	5267.0	495.0	1360.6	20.9	5.2
海淀区	518.0	5865.1	481.4	9492.5	617.6	25.3
门头沟区	7.7	48.1		61.3		2.0
房山区	3682.2	61964.9	2606.8	115395.6	344.0	147.3
通州区	5487.9	92001.0	4548.1	198685.3	3986.1	921.0
顺义区	5760.9	95980.1	13060.5	198577.1	52043.9	287.6
昌平区	986.1	46342.4	6222.0	22718.9	6341.9	48.9
大兴区	12259.4	120034.5	7857.9	295411.3	70101.4	1055.0
怀柔区	201.2	4503.2	85.0	4277.7	317.4	110.7
平谷区	1049.3	20167.1	588.8	28725.0	1896.1	987.7
密云区	1384.3	44991.6	21.8	59200.1	582.4	575.1
延庆区	777.4	18323.8	2001.7	22991.4	1551.8	290.5

3-33 种业发展情况(2018年)

各 区	种业收入 (万元)	#销往外埠收入 (万元)	种业产品产量						
			小麦种 (公斤)	玉米种 (公斤)	树 苗 (百株)	种 猪 (头)	种 羊 (只)	种雏禽 (万只)	种鱼苗 (万尾)
全 市	**124351.6**	**73713.2**	**622000**	**68219**	**4484**	**71718**	**1675**	**2734.4**	**9836.9**
朝阳区	3045.3				633				
海淀区	192.4	104.0				732			
门头沟区	5.6				30				
房山区	7729.3	809.3			400			92.7	
通州区	1313.2	356.6	622000		331	1570			
顺义区	34687.1	22965.5				58619	1675	615.4	21.4
昌平区	26004.2	17904.2		500	544	3202		297.8	0.5
大兴区	5500.7	2708.5				1530		6.5	
怀柔区	5544.5	4902.9			3			1085.0	8470.0
平谷区	17504.9	4635.7						570.1	
密云区	12844.5	12385.5		67719	18	5265			930.0
延庆区	9979.9	6941.0			2526	800		66.9	415.0

3-34 乡镇企业主要经济指标(2018年)

各 区	企业个数(个)	从业人员(人)	总收入(万元)	利润总额(万元)	上缴税金(万元)
全 市	**82791**	**577466**	**41140446**	**2169224**	**1801819**
朝阳区	156	14143	1872391	134361	107980
丰台区	301	32697	953550	-22048	70131
海淀区	2084	31628	1121943	218571	171042
门头沟区	8109	13334	348454	45888	5067
房山区	12680	82722	3387951	225180	91680
通州区	5284	74613	6814169	338945	321905
顺义区	27912	181380	18205292	656980	723021
昌平区	1000	29221	2338245	358646	87334
大兴区	521	14123	1565354	27865	57599
怀柔区	5890	32640	1605461	120692	88284
平谷区	7373	33534	1067442	16243	34911
密云区	11184	32754	1622914	48361	36359
延庆区	297	4677	237280	-460	6506

资料来源：北京市经济和信息化局。

3-35 乡镇个体、私营企业主要经济指标(2018年)

各　区	企业个数(个)	从业人员(人)	总收入(万元)	利润总额(万元)	上缴税金(万元)
全　市	**68656**	**181417**	**3674007**	**353686**	**136256**
朝阳区					
丰台区					
海淀区	617	3659	42755	3999	993
门头沟区	8049	11846	267846	43712	3196
房山区	11357	49416	862467	118054	13515
通州区	3409	9577	94888	7732	5188
顺义区	21701	56499	1657089	112368	97328
昌平区	685	3962	60379	8566	514
大兴区	365	2796	99165	3259	9219
怀柔区	5696	13853	201467	38478	2326
平谷区	6697	13435	36379	1854	539
密云区	9858	15845	351533	15651	3437
延庆区	222	529	39	13	1

资料来源：北京市经济和信息化局。

3-36 规模以上工业总产值情况

单位：亿元

各区	工业总产值		#国有及国有控股	
	2018	2017	2018	2017
全市	**19212.9**	**18901.1**	**11163.5**	**11162.8**
东城区	174.9	200.2	62.1	84.5
西城区	1247.1	1145.7	855.1	805.6
朝阳区	741.6	715.4	456.2	416.3
丰台区	297.7	437.6	188.1	320.4
石景山区	208.8	222.4	180.4	188.3
海淀区	2311.2	2387.6	370.0	794.4
门头沟区	75.1	84.3	27.1	30.4
房山区	995.5	895.2	758.3	669.7
通州区	602.4	641.2	157.0	169.3
顺义区	1807.1	2192.1	989.5	1239.4
昌平区	1039.3	1099.1	568.1	634.7
大兴区	754.8	811.9	296.1	325.8
怀柔区	608.3	636.0	59.4	55.9
平谷区	163.7	189.0	10.0	10.2
密云区	269.7	305.8	73.0	112.9
延庆区	87.3	79.0	47.5	45.7
北京经济技术开发区	3841.2	3424.9	2078.3	1825.7

注：1. 本表统计范围为年主营业务收入2000万元及以上的工业法人企业（下表同）。
2. 国家电网公司、国网冀北电力有限公司的工业总产值、工业销售产值由全市统一核算，故表中工业总产值、工业销售产值指标分区数据之和不等于全市。

3-36 续表1

单位：亿元

各 区	工业总产值					
	内 资		港澳台商投资企业		外商投资企业	
	2018	2017	2018	2017	2018	2017
全 市	**11703.7**	**11592.6**	**2258.9**	**1907.5**	**5250.3**	**5400.9**
东城区	164.9	189.9	5.8	5.8	4.2	4.4
西城区	864.8	819.5	381.3	324.8	0.9	1.3
朝阳区	541.8	534.9	74.6	62.0	125.1	118.5
丰台区	284.4	420.8	3.0	4.2	10.3	12.6
石景山区	177.3	180.3	1.4	1.2	30.1	40.9
海淀区	984.9	1316.2	1201.5	943.0	124.7	128.4
门头沟区	74.4	83.3	0.5	0.4	0.2	0.5
房山区	936.7	843.0	13.4	12.9	45.4	39.2
通州区	431.4	451.0	17.8	24.3	153.3	165.9
顺义区	625.7	636.9	50.1	51.3	1131.2	1503.8
昌平区	810.2	864.0	31.3	32.0	197.8	203.1
大兴区	554.1	599.5	38.5	56.6	162.2	155.9
怀柔区	204.1	211.0	16.4	14.8	387.8	410.2
平谷区	62.5	71.1	10.5	10.7	90.7	107.3
密云区	151.1	188.3	29.0	21.5	89.7	96.0
延庆区	76.8	68.5	6.6	5.0	3.9	5.5
北京经济技术开发区	771.4	680.6	377.1	336.9	2692.7	2407.4

3-36 续表2

单位：亿元

各　区	工业总产值					
	#大型企业		#中型企业		#小型企业	
	2018	2017	2018	2017	2018	2017
全　市	**12676.7**	**12299.9**	**3457.9**	**3447.4**	**3029.4**	**3085.3**
东城区	35.0	61.8	127.7	126.3	11.8	11.8
西城区	1163.6	1058.1	45.8	48.7	35.2	36.4
朝阳区	279.8	263.1	213.1	208.8	247.3	241.5
丰台区	42.1	177.2	106.2	96.8	149.1	160.9
石景山区	98.4	109.5	58.5	61.3	51.8	51.6
海淀区	1413.5	1419.2	463.8	539.4	424.4	422.6
门头沟区	47.7	57.8	2.4	2.6	23.9	22.7
房山区	649.2	582.6	130.2	120.0	213.8	189.7
通州区	67.3	60.6	273.0	290.0	251.5	279.3
顺义区	1107.8	1442.4	368.7	383.7	323.8	348.4
昌平区	555.6	587.8	188.1	194.9	293.6	313.7
大兴区	120.5	189.9	312.9	298.0	317.2	315.7
怀柔区	331.3	356.6	118.6	116.5	158.0	161.1
平谷区	5.5	4.3	87.6	105.5	68.4	76.4
密云区	90.2	130.3	75.7	75.6	102.2	97.9
延庆区			55.3	54.3	31.3	23.9
北京经济技术开发区	2681.9	2364.8	830.3	725.0	326.2	331.6

注：企业大中小型划分标准执行国家统计局《关于统计上大中小微型企业划分办法》(国统字[2011]75号)(下表同)。

3-36 续表3

单位：亿元

各　区	工业总产值			
	轻工业		重工业	
	2018	2017	2018	2017
全　市	**2909.4**	**2924.1**	**16303.5**	**15977.0**
东 城 区	144.4	145.5	30.5	54.6
西 城 区	48.1	66.4	1199.0	1079.3
朝 阳 区	155.1	174.1	586.4	541.2
丰 台 区	61.2	87.2	236.5	350.4
石景山区	2.8	3.1	206.0	219.4
海 淀 区	177.9	199.2	2133.2	2188.3
门头沟区	6.7	6.2	68.4	78.0
房 山 区	66.5	73.3	929.0	821.8
通 州 区	278.2	284.2	324.2	357.0
顺 义 区	358.5	339.9	1448.6	1852.1
昌 平 区	214.1	227.2	825.2	872.0
大 兴 区	305.7	341.4	449.1	470.5
怀 柔 区	168.0	161.9	440.3	474.1
平 谷 区	57.7	55.6	106.0	133.5
密 云 区	86.4	73.3	183.3	232.6
延 庆 区	21.1	20.6	66.2	58.4
北京经济技术开发区	757.0	664.9	3084.2	2760.0

3-36 续表4

单位：亿元

各　区	工业销售产值		#出口交货值	
	2018	2017	2018	2017
全　　市	**18876.7**	**18613.5**	**1221.9**	**1015.5**
东 城 区	169.6	191.3	1.1	1.5
西 城 区	1247.2	1145.3	3.9	3.6
朝 阳 区	732.2	697.7	19.6	17.1
丰 台 区	293.1	438.4	10.3	9.5
石景山区	209.6	223.0	3.3	5.5
海 淀 区	2232.7	2287.3	354.6	175.1
门头沟区	70.9	74.9	19.8	19.0
房 山 区	982.8	885.9	13.9	10.0
通 州 区	598.7	629.2	31.9	33.2
顺 义 区	1825.6	2187.6	109.7	148.2
昌 平 区	1017.5	1089.7	61.0	58.2
大 兴 区	742.2	808.1	20.4	20.2
怀 柔 区	623.1	621.2	23.8	26.2
平 谷 区	161.1	190.6	4.4	4.9
密 云 区	267.4	304.5	17.3	19.2
延 庆 区	85.7	76.4	4.2	5.4
北京经济技术开发区	3751.5	3328.7	522.7	458.8

3-37 规模以上工业企业主要财务指标

单位：个

各 区	企业单位个数		2018年企业单位个数中				
	2018	2017	#大 型	#中 型	#小 型	轻工业	重工业
全 市	**3197**	**3231**	**126**	**523**	**2406**	**1121**	**2076**
东城区	29	30	1	8	19	16	13
西城区	46	47	8	8	27	14	32
朝阳区	247	245	7	40	194	82	165
丰台区	143	152	5	21	114	33	110
石景山区	40	40	3	11	25	5	35
海淀区	423	428	15	68	327	87	336
门头沟区	31	31	2	1	24	9	22
房山区	156	155	6	17	122	53	103
通州区	366	374	5	54	283	145	221
顺义区	357	356	17	57	263	132	225
昌平区	284	289	8	44	224	100	184
大兴区	337	339	10	44	267	162	175
怀柔区	164	164	4	23	133	76	88
平谷区	116	117	1	25	82	45	71
密云区	135	135	4	25	100	50	85
延庆区	41	41		11	28	14	27
北京经济技术开发区	282	288	30	66	174	98	184

3-37 续表1

单位：个

各 区	2018年企业单位个数中			
	#国有及国有控股	内 资	港澳台商投资	外商投资
全 市	**629**	**2478**	**176**	**543**
东 城 区	11	26	1	2
西 城 区	30	42	2	2
朝 阳 区	87	196	20	31
丰 台 区	51	130	3	10
石景山区	16	32	3	5
海 淀 区	95	363	20	40
门头沟区	5	29	1	1
房 山 区	28	141	4	11
通 州 区	41	291	12	63
顺 义 区	55	226	21	110
昌 平 区	56	238	15	31
大 兴 区	51	296	10	31
怀 柔 区	17	119	12	33
平 谷 区	10	72	8	36
密 云 区	23	104	9	22
延 庆 区	11	34	2	5
北京经济技术开发区	42	139	33	110

3-37 续表2

单位：亿元

各　区	资产总计		负债合计		营业收入	
	2018	2017	2018	2017	2018	2017
全　市	**48009.5**	**45985.8**	**21437.1**	**20671.0**	**21958.8**	**21181.0**
东 城 区	196.1	237.5	88.3	106.8	180.9	220.7
西 城 区	19938.1	18891.1	6281.7	6151.7	5207.9	4616.7
朝 阳 区	2005.6	1970.4	903.0	956.8	864.5	836.4
丰 台 区	702.2	941.7	392.8	535.0	356.4	508.7
石景山区	3885.8	3770.5	2386.3	2180.8	433.7	462.5
海 淀 区	5307.7	5065.8	2686.3	2553.6	3255.9	3116.1
门头沟区	276.6	263.1	124.0	132.5	82.5	86.2
房 山 区	888.0	882.3	519.1	538.3	1068.2	949.6
通 州 区	959.3	924.1	538.5	520.9	793.9	813.1
顺 义 区	3321.0	3411.0	1844.6	2062.0	2155.3	2346.3
昌 平 区	2318.0	2252.5	1245.9	1116.6	1231.6	1279.7
大 兴 区	1407.9	1408.9	734.0	662.8	978.9	980.9
怀 柔 区	684.1	620.0	394.2	357.0	733.3	737.4
平 谷 区	241.2	253.3	143.3	155.5	204.6	233.1
密 云 区	555.8	473.2	295.2	265.0	300.2	346.6
延 庆 区	478.7	416.7	231.8	198.4	98.4	84.6
北京经济技术开发区	4843.2	4203.6	2627.9	2177.4	4012.9	3562.4

3-37 续表3

单位：亿元

各区	主营业务收入		利润总额		利税总额	
	2018	2017	2018	2017	2018	2017
全市	**21435.7**	**20722.0**	**1530.0**	**2023.7**	**2474.8**	**2937.0**
东城区	176.6	214.2	10.6	14.6	18.8	22.4
西城区	5171.5	4597.8	478.4	725.5	612.3	827.1
朝阳区	833.7	803.6	71.3	84.6	106.1	127.9
丰台区	347.1	498.8	-1.4	35.2	14.4	51.4
石景山区	418.8	448.3	-78.5	-28.3	-60.0	-10.1
海淀区	3172.2	3054.6	150.9	269.3	221.8	348.3
门头沟区	79.1	81.4	15.1	14.3	23.4	21.0
房山区	1057.2	917.7	32.6	43.3	155.1	155.7
通州区	773.4	795.5	53.0	68.7	113.9	125.2
顺义区	2119.8	2309.5	122.0	110.3	207.9	218.6
昌平区	1160.7	1215.5	88.8	118.5	119.7	161.3
大兴区	888.2	926.0	60.6	65.8	91.1	100.0
怀柔区	719.1	722.3	34.5	32.0	58.3	55.4
平谷区	193.6	218.6	0.9	-0.7	7.8	6.5
密云区	289.7	332.7	-5.7	12.8	6.6	25.7
延庆区	87.8	76.9	20.4	22.8	23.7	26.0
北京经济技术开发区	3947.4	3508.6	476.5	435.0	753.6	674.5

3-37 续表4

各　区	应交税金合计(亿元)		#应交增值税(亿元)		平均用工人数(人)	
	2018	2017	2018	2017	2018	2017
全　市	**1230.9**	**1195.5**	**565.6**	**568.6**	**897358**	**995477**
东 城 区	10.1	9.8	7.1	6.3	8368	10528
西 城 区	191.1	168.6	99.2	82.0	58727	60153
朝 阳 区	49.9	60.1	26.6	35.4	67663	76114
丰 台 区	21.0	22.5	13.1	13.5	32250	46537
石景山区	21.1	21.2	13.9	14.9	24087	26271
海 淀 区	91.5	105.8	53.8	59.0	106568	117980
门头沟区	11.0	8.5	6.4	5.1	9855	12021
房 山 区	131.5	122.8	32.4	36.4	36819	38206
通 州 区	68.4	65.9	30.7	28.5	61419	70468
顺 义 区	100.7	110.8	31.5	46.0	115705	134614
昌 平 区	42.4	55.2	23.0	34.1	83565	88744
大 兴 区	44.4	44.7	25.0	29.0	61635	71701
怀 柔 区	29.2	30.1	18.5	18.4	36964	38896
平 谷 区	8.3	8.0	5.7	6.0	22457	26272
密 云 区	13.5	15.8	8.2	7.9	28350	31016
延 庆 区	3.7	3.8	2.7	2.8	8167	8499
北京经济技术开发区	393.0	341.8	167.9	143.4	134759	137457

注：应交税金合计主要包括应交增值税、应交所得税和税金及附加等。计算应交增值税时企业应交增值税为负数的按实际计算。

3-38 建筑业主要指标

各 区	企业单位数(个)			年末从业人员(人)			建筑业总产值(亿元)		
	2018	2017	增长速度(%)	2018	2017	增长速度(%)	2018	2017	增长速度(%)
全　市	**2831**	**2888**	**-2.0**	**534121**	**607579**	**-12.1**	**10939.8**	**9736.7**	**12.4**
东城区	137	158	-13.3	36019	37625	-4.3	809.6	674.8	20.0
西城区	181	210	-13.8	29722	44809	-33.7	692.8	736.1	-5.9
朝阳区	565	571	-1.1	95652	103367	-7.5	1556.9	1329.3	17.1
丰台区	230	212	8.5	84949	87851	-3.3	1917.1	1627.1	17.8
石景山区	84	86	-2.3	29043	27657	5.0	519.8	471.8	10.2
海淀区	380	383	-0.8	79393	113316	-29.9	1970.0	1835.4	7.3
门头沟区	66	62	6.5	5898	6447	-8.5	133.0	103.4	28.6
房山区	132	127	3.9	22145	20676	7.1	414.5	356.4	16.3
通州区	196	201	-2.5	35155	36913	-4.8	1267.4	1175.4	7.8
顺义区	168	163	3.1	39907	44634	-10.6	453.7	374.7	21.1
昌平区	148	144	2.8	15035	16231	-7.4	206.6	189.7	8.9
大兴区	217	260	-16.5	20662	24421	-15.4	380.3	333.3	14.1
怀柔区	93	84	10.7	6174	7111	-13.2	88.7	89.3	-0.6
平谷区	94	94		8569	11941	-28.2	76.3	68.0	12.2
密云区	68	64	6.3	9609	9423	2.0	133.3	109.2	22.1
延庆区	40	39	2.6	3257	3295	-1.2	44.6	59.2	-24.6
北京经济技术开发区	32	30	6.7	12932	11862	9.0	275.1	203.6	35.2

注：分区数据按照企业经营地划分，统计范围为施工总承包、专业承包建筑业企业。

3-39 限额以上批发和零售业基本情况(2018年)

各 区	单位个数(个)	商品购进额(亿元)	商品销售额(亿元)		
				批发额	零售额
全 市	**6440**	**60481.2**	**64205.7**	**55750.8**	**8454.9**
东城区	468	7111.5	7285.3	6228.8	1056.6
西城区	523	5122.0	5341.6	4821.7	520.0
朝阳区	1814	17870.6	19812.5	17819.2	1993.3
丰台区	463	2624.1	2761.5	2243.3	518.2
石景山区	154	1245.7	1177.5	816.7	360.8
海淀区	1121	12828.7	13618.6	12199.5	1419.1
门头沟区	95	251.1	260.9	239.3	21.6
房山区	326	1223.3	1263.4	1110.3	153.1
通州区	210	1242.9	1324.3	761.7	562.6
顺义区	249	1203.7	1381.4	1093.0	288.5
昌平区	338	1950.7	2129.2	1934.4	194.9
大兴区	215	918.1	900.5	631.6	268.9
怀柔区	71	99.8	115.0	94.4	20.5
平谷区	90	182.4	221.0	188.8	32.1
密云区	117	193.0	202.5	180.1	22.4
延庆区	21	38.0	39.7	33.9	5.8
北京经济技术开发区	165	6375.6	6370.7	5354.2	1016.6

注：本表统计范围为限额以上批发和零售业法人单位、产业活动单位和个体经营户。

3-40 限额以上住宿和餐饮业基本情况(2018年)

各 区	单位个数(个)	营业额(亿元)	#客房收入	#餐费收入
全 市	**2449**	**1200**	**282**	**793**
东城区	282	277	59	201
西城区	308	120	38	68
朝阳区	693	339	80	217
丰台区	176	49	14	30
石景山区	40	7	2	4
海淀区	447	182	55	104
门头沟区	18	5	1	4
房山区	35	10	1	8
通州区	42	7	2	4
顺义区	104	46	9	32
昌平区	98	25	8	11
大兴区	52	61	2	51
怀柔区	49	10	4	4
平谷区	27	14		13
密云区	25	5	2	2
延庆区	22	3	1	2
北京经济技术开发区	31	43	5	38

注：本表统计范围为限额以上住宿和餐饮业法人单位、产业活动单位和个体经营户。

3-41 社会消费品零售总额(2018年)

单位：亿元

各 区	社会消费品零售总额	比2017年增长 (%)
全 市	**11747.7**	**2.7**
东 城 区	1052.9	3.1
西 城 区	1043.2	3.0
朝 阳 区	2797.6	1.4
丰 台 区	1170.8	3.2
石景山区	312.4	3.0
海 淀 区	2340.1	1.4
门头沟区	69.4	5.4
房 山 区	252.8	5.9
通 州 区	439.8	5.0
顺 义 区	478.7	5.2
昌 平 区	465.7	3.0
大 兴 区	437.8	6.0
怀 柔 区	126.2	5.4
平 谷 区	113.5	5.9
密 云 区	148.1	6.6
延 庆 区	98.3	5.7
北京经济技术开发区	400.3	0.2

注：1. 社会消费品零售总额按产业在地原则核算。
2. 表中增长速度按可比口径计算。

3-42 商品交易市场情况

各区	市场个数（个）		总摊位数（个）		出租摊位数（个）		营业面积（万平方米）		成交额（亿元）	
	2018	2017	2018	2017	2018	2017	2018	2017	2018	2017
全　市	**529**	**631**	**173158**	**207245**	**135464**	**165350**	**983.4**	**1102.2**	**4017.7**	**4011.5**
东城区	20	27	11437	12575	10224	10946	30.8	33.1	26.4	36.0
西城区	21	27	4085	7015	3517	6549	11.6	14.8	21.9	30.4
朝阳区	108	138	34481	41507	28887	34415	206.7	232.5	701.7	744.4
丰台区	69	84	26263	36200	23130	32352	267.6	300.5	2215.5	2066.8
石景山区	13	13	1883	2500	1752	2122	14.2	15.6	21.3	22.2
海淀区	28	33	14985	18604	11501	16236	49.2	55.4	316.7	311.5
门头沟区	8	8	937	979	828	867	2.8	2.8	2.9	2.9
房山区	45	47	6006	7806	5234	5701	27.3	31.0	12.1	12.5
通州区	38	43	10769	12184	8489	9632	39.4	41.0	107.9	107.7
顺义区	45	49	10659	11167	9391	9745	89.0	91.1	234.1	264.9
昌平区	47	53	13894	15250	11245	12529	80.8	98.6	265.0	314.8
大兴区	18	29	13745	15514	4995	6431	38.3	46.5	4.0	5.9
怀柔区	12	13	3667	3774	2830	2987	13.4	14.4	28.8	26.3
平谷区	24	27	11995	12727	7595	8265	71.7	76.9	29.8	31.3
密云区	27	28	6700	6938	4524	4708	32.0	32.6	18.9	18.8
延庆区	6	12	1652	2505	1322	1865	8.7	15.3	10.8	15.0

3-43 实际利用外商直接投资额

单位：万美元

各 区	2018	2017
全 市	**1731089**	**2432909**
东 城 区	62388	58209
西 城 区	51449	1161083
朝 阳 区	397477	587979
丰 台 区	1455	10263
石景山区	38710	25333
海 淀 区	790955	249059
门头沟区	3204	2490
房 山 区	4026	18400
通 州 区	55388	81861
顺 义 区	165533	92711
昌 平 区	85000	80000
大 兴 区	61940	45120
怀 柔 区	6448	13129
平 谷 区	5135	6043
密 云 区	1059	720
延 庆 区	922	509
北京经济技术开发区	53781	39622

注：大兴区中包含北京经济技术开发区数据。

资料来源：北京市商务局。

3-44 入境旅游及星级饭店基本情况

各 区	入境旅游者人数(万人次)		#外国人		星级饭店个数(个)		出租率(%)	
	2018	2017	2018	2017	2018	2017	2018	2017
全 市	**400.43**	**392.56**	**339.78**	**332.00**	**419**	**519**	**66.9**	**64.8**
东城区	112.08	110.51	98.27	93.46	52	58	74.7	74.0
西城区	26.42	21.69	21.53	18.34	55	75	71.1	71.5
朝阳区	173.25	180.70	145.81	152.83	97	105	70.6	69.3
丰台区	9.50	6.55	6.90	5.54	26	29	70.9	67.1
石景山区	1.93	3.68	1.55	3.11	3	5	77.0	77.0
海淀区	36.05	35.05	29.36	29.64	73	71	73.5	72.8
门头沟区	0.08	0.06	0.04	0.05	5	9	49.2	38.5
房山区	0.08	0.04	0.07	0.03	15	35	35.5	34.6
通州区	0.65	0.69	0.49	0.58	6	7	53.7	50.7
顺义区	24.17	19.68	22.38	16.65	16	17	56.0	48.8
昌平区	4.16	2.32	3.89	1.96	26	37	52.5	47.3
大兴区	11.01	10.49	8.68	8.87	8	10	65.3	48.9
怀柔区	0.69	0.78	0.51	0.66	12	21	46.5	44.8
平谷区	0.03	0.02	0.03	0.02	4	9	35.8	31.9
密云区	0.23	0.23	0.21	0.20	12	17	39.9	35.3
延庆区	0.10	0.05	0.09	0.05	9	14	23.6	26.0

3-45 银行、保险系统机构人员情况(2018年)

各　区	合　计		总行、总公司		分行、分公司		支行、支公司	
	机　构(个)	从业人员(人)	机　构(个)	从业人员(人)	机　构(个)	从业人员(人)	机　构(个)	从业人员(人)
全　市	**4864**	**402080**	**104**	**133912**	**190**	**58761**	**2636**	**113564**
东城区	377	50250	9	6396	28	12400	229	14066
西城区	518	122767	39	68302	44	28982	271	13249
朝阳区	1036	71648	28	23217	88	11474	580	19133
丰台区	378	22381	3	9457	8	1106	200	5992
石景山区	144	15342	5	8541	1	33	75	3905
海淀区	806	42908	5	14120	18	4609	469	15950
门头沟区	70	1813	1	30	1	71	30	974
房山区	183	10566	1	40			90	5796
通州区	224	14665	1	35	1	50	113	7503
顺义区	214	11327	2	1753			115	4872
昌平区	224	8717	2	742			112	5263
大兴区	260	9496	3	90	1	36	159	4956
怀柔区	116	5274	1	54			53	3857
平谷区	121	5376	1	26			56	3567
密云区	120	5476	1	37			53	2779
延庆区	73	4074	2	1072			31	1702

3-45 续表

各 区	分理处		储蓄所		其 他	
	机 构（个）	从业人员（人）	机 构（个）	从业人员（人）	机 构（个）	从业人员（人）
全 市	**747**	**8971**	**455**	**1825**	**732**	**85047**
东城区	25	741	20	47	66	16600
西城区	32	776	41	164	91	11294
朝阳区	145	2250	57	307	138	15267
丰台区	66	691	39	188	62	4947
石景山区	26	267	14	63	23	2533
海淀区	118	1460	82	327	114	6442
门头沟区	12	83	14	53	12	602
房山区	32	265	24	110	36	4355
通州区	45	409	25	95	39	6573
顺义区	41	457	28	94	28	4151
昌平区	45	409	25	138	40	2165
大兴区	39	438	27	76	31	3900
怀柔区	37	186	14	38	11	1139
平谷区	31	181	17	40	16	1562
密云区	32	224	16	52	18	2384
延庆区	21	134	12	33	7	1133

3-46 中资银行人民币存款余额(2018年)

单位：万元

各　区	各项存款	单位存款	个人存款	#储蓄存款	其他存款
全　市	**1469909863**	**878421576**	**323467042**	**242128779**	**268021245**
东城区	160319047	103250409	28711674	21944966	28356964
西城区	484181108	289641583	42544328	30409953	151995197
朝阳区	248558813	129593124	67906792	49992150	51058897
丰台区	64853373	29232731	30805716	23250502	4814926
石景山区	20790501	10830344	8694812	6372735	1265344
海淀区	320889808	233697563	62534291	46239252	24657954
门头沟区	6601820	3295735	3291282	2389825	14803
房山区	17055911	7899754	9150234	7005572	5923
通州区	33068786	14642687	14810903	11493656	3615196
顺义区	22559773	11241044	10639964	8141687	678765
昌平区	26614099	10979268	14952892	11431080	681939
大兴区	41120482	22861582	17400886	13582458	858013
怀柔区	7012644	3624922	3381858	2768098	5865
平谷区	5552597	2795358	2753580	2220556	3659
密云区	5586692	2044796	3539041	2851951	2854
延庆区	5144410	2790676	2348789	2034337	4945

注：本表统计范围包括中国邮政储蓄银行北京分行、国有商业银行北京市分行、股份制商业银行在京营业机构、北京银行、北京农商银行。

资料来源：中国人民银行营业管理部。

3-47 中资银行人民币贷款余额(2018年)

单位：万元

各 区	各项贷款	境内贷款	短期贷款	#个人消费贷款	中长期贷款	#个人消费贷款	其他贷款	境外贷款
全 市	**622586242**	**621725509**	**207099354**	**12325363**	**392324723**	**106054084**	**22301432**	**860734**
东城区	69831446	69376541	25752532	1261494	41456337	14100172	2167672	454905
西城区	241191261	241069498	83989264	4121544	139750168	21553179	17330065	121763
朝阳区	99089780	98955500	33309697	3304224	64015736	26444457	1630068	134280
丰台区	45247257	45227126	14215927	847930	30959700	7204797	51499	20131
石景山区	9176283	9172980	1822954	138947	7341609	1461736	8417	3303
海淀区	94828856	94735414	32584927	1340205	61734109	18806045	416379	93442
门头沟区	2352542	2351242	795885	25344	1545049	609177	10309	1300
房山区	4601264	4601217	1215832	99571	2984598	1381612	400787	47
通州区	8950572	8949299	1815476	213134	7113738	2799118	20085	1274
顺义区	14310543	14291303	5158316	265482	9005795	2617173	127192	19241
昌平区	8471224	8466162	1777122	200832	6676668	3185108	12372	5062
大兴区	16103925	16101196	2577013	320403	13486267	3577432	37916	2729
怀柔区	2532723	2530528	809244	51903	1713328	508884	7956	2195
平谷区	1851652	1850615	291571	43420	1557991	748537	1052	1037
密云区	2601577	2601552	764367	56412	1820195	830368	16990	25
延庆区	1445337	1445337	219230	34518	1163436	226290	62672	

注：本表统计范围包括中国邮政储蓄银行北京分行、国有商业银行北京市分行、股份制商业银行在京营业机构、北京银行、北京农商银行。

资料来源：中国人民银行营业管理部。

3-48 规模以上文化产业法人单位基本情况(2018年)

各　区	收入合计(亿元)	资产总计(亿元)	从业人员平均人数(万人)
全　市	**10703.0**	**20738.6**	**59.0**
东 城 区	1447.6	1815.2	5.7
西 城 区	1009.2	2039.2	8.1
朝 阳 区	2267.3	3889.4	12.5
丰 台 区	167.0	310.3	1.7
石景山区	426.0	753.4	2.0
海 淀 区	4469.7	10569.1	21.7
门头沟区	18.7	77.1	0.2
房 山 区	86.2	46.2	0.3
通 州 区	72.3	110.3	0.8
顺 义 区	166.6	192.4	0.9
昌 平 区	80.7	113.6	1.0
大 兴 区	92.0	144.4	1.1
怀 柔 区	94.7	239.9	0.4
平 谷 区	70.4	71.5	1.0
密 云 区	34.4	82.7	0.5
延 庆 区	11.7	39.8	0.3
北京经济技术开发区	188.4	244.3	0.7

3-49 全市居民收支情况

单位：元

各区	人均可支配收入			人均消费支出		
	2018	2017	名义增速(%)	2018	2017	名义增速(%)
全市	**62361**	**57230**	**9.0**	**39843**	**37425**	**6.5**
东城区	75547	70289	7.5	49026	46154	6.2
西城区	81678	76511	6.8	49642	46668	6.4
朝阳区	70746	64841	9.1	44849	41579	7.9
丰台区	60144	55871	7.6	40927	38127	7.3
石景山区	71244	66112	7.8	43286	40767	6.2
海淀区	78178	71986	8.6	52910	49458	7.0
门头沟区	49298	45881	7.4	33805	31820	6.2
房山区	39391	36289	8.5	24363	23180	5.1
通州区	40553	37209	9.0	28696	26550	8.1
顺义区	36575	33568	9.0	23118	21371	8.2
昌平区	45399	41632	9.0	32469	30046	8.1
大兴区	43464	39862	9.0	28564	26365	8.3
怀柔区	36797	33764	9.0	25035	23088	8.4
平谷区	36012	33414	7.8	23021	21670	6.2
密云区	34951	32165	8.7	21772	20306	7.2
延庆区	33887	31555	7.4	23023	21449	7.3

3-50 城镇居民收支情况

单位：元

各 区	人均可支配收入			人均消费支出		
	2018	2017	名义增速(%)	2018	2017	名义增速(%)
全　市	**67990**	**62406**	**8.9**	**42926**	**40346**	**6.4**
东城区	75547	70289	7.5	49026	46154	6.2
西城区	81678	76511	6.8	49642	46668	6.4
朝阳区	70746	64841	9.1	44849	41579	7.9
丰台区	60144	55871	7.6	40927	38127	7.3
石景山区	71244	66112	7.8	43286	40767	6.2
海淀区	78178	71986	8.6	52910	49458	7.0
门头沟区	53227	49682	7.1	36063	33910	6.3
房山区	46503	42992	8.2	28337	26368	7.5
通州区	48682	44607	9.1	34361	31701	8.4
顺义区	43437	39736	9.3	28301	25928	9.2
昌平区	49778	45735	8.8	34558	32030	7.9
大兴区	51800	47572	8.9	32033	29710	7.8
怀柔区	42853	39272	9.1	27642	25415	8.8
平谷区	44402	41130	8.0	27182	25225	7.8
密云区	43512	40031	8.7	25575	23849	7.2
延庆区	44916	41599	8.0	29238	27109	7.9

3-51 普通中学学校基本情况

单位：人

各　区	普通中学校数(所)		普通中学招生数		普通中学毕业生数	
	2018	2017	2018	2017	2018	2017
全　市	**644**	**649**	**148339**	**157018**	**121323**	**132118**
东 城 区	41	41	11650	12796	10463	11168
西 城 区	42	43	15816	16777	13055	13786
朝 阳 区	94	94	17438	18720	11764	12937
丰 台 区	47	48	7638	7980	6169	6923
石景山区	23	24	3495	3892	3327	3974
海 淀 区	79	79	33557	35795	28742	30074
门头沟区	16	16	2317	2384	1959	2102
房 山 区	49	47	8440	8778	6661	7495
通 州 区	41	38	8997	9147	6399	6862
顺 义 区	33	33	8907	9367	7616	8555
昌 平 区	54	55	7423	7540	6037	6570
大 兴 区	43	45	7927	8419	6795	7674
怀 柔 区	19	23	3310	3455	2438	2880
平 谷 区	19	19	3666	3798	3249	3577
密 云 区	23	23	5003	5205	4048	4416
延 庆 区	21	21	2755	2965	2601	3125

注：普通中学统计范围为普通高中和普通初中。

资料来源：北京市教育委员会。

3-51 续表

单位：人

各 区	普通中学在校学生数		普通中学教职工人数		普通中学专任教师人数	
	2018	2017	2018	2017	2018	2017
全 市	**434449**	**430381**	**88974**	**86966**	**68898**	**66635**
东城区	35600	36025	6540	6570	5630	5616
西城区	46189	45006	7851	7913	6207	6094
朝阳区	48833	48310	13948	13305	11325	10754
丰台区	22143	22333	5542	5467	4343	4265
石景山区	10846	11339	2836	2808	2225	2207
海淀区	100300	99019	14832	14377	11413	11078
门头沟区	6751	6696	1236	1271	934	934
房山区	25008	24548	4348	4318	3472	3321
通州区	25543	24875	4773	4745	3638	3603
顺义区	25827	25904	5163	5145	3757	3705
昌平区	21282	21019	6444	6092	4716	4444
大兴区	22964	22748	5818	5214	4623	4112
怀柔区	9451	9458	2369	2378	1758	1723
平谷区	10720	10450	2759	2836	1625	1578
密云区	14534	14074	2446	2448	1810	1795
延庆区	8458	8577	2069	2079	1422	1406

3-52　小学教育基本情况

单位：人

各　区	小学校数(所)		小学招生数		小学毕业生数	
	2018	2017	2018	2017	2018	2017
全　市	**970**	**984**	**184339**	**157559**	**124610**	**125938**
东城区	61	63	12025	10035	7884	8379
西城区	58	58	18328	15050	10531	10620
朝阳区	83	87	28505	24570	17549	17871
丰台区	75	77	12496	10760	9095	9211
石景山区	28	27	4542	3768	3361	3520
海淀区	84	84	32484	28497	23430	24184
门头沟区	23	22	2647	2187	1724	1776
房山区	108	108	11063	9127	7374	7188
通州区	84	83	14024	12113	9255	8751
顺义区	49	49	9839	8980	6560	6599
昌平区	89	92	11475	9424	8262	8223
大兴区	89	96	13544	11609	8517	8792
怀柔区	26	25	3279	2784	2722	2610
平谷区	46	46	3647	3091	2805	2727
密云区	39	39	4120	3536	3583	3569
延庆区	28	28	2321	2028	1958	1918

资料来源：北京市教育委员会。

3–52 续表

单位：人

各 区	小学在校学生数		小学教职工人数		小学专任教师人数	
	2018	2017	2018	2017	2018	2017
全 市	**913216**	**875849**	**61138**	**60904**	**54531**	**53782**
东城区	59319	55600	5264	5154	4853	4709
西城区	84963	77537	5859	5675	5446	5233
朝阳区	142500	136971	7515	7431	7050	7005
丰台区	65112	65463	4813	4838	4284	4271
石景山区	23096	22804	1346	1354	1184	1183
海淀区	170238	163408	8278	8277	7772	7744
门头沟区	12577	11962	1143	1119	923	891
房山区	52208	49693	3769	3794	3259	3137
通州区	67320	64453	4441	4343	4066	3947
顺义区	48882	46444	3779	3664	3103	3002
昌平区	53999	52269	3937	3883	3434	3366
大兴区	62629	60069	3817	4197	3308	3632
怀柔区	17151	16868	1584	1527	1274	1230
平谷区	18448	17925	2112	2130	1717	1580
密云区	22278	22095	2153	2202	1695	1705
延庆区	12496	12288	1328	1316	1163	1147

3-53 幼儿教育情况

单位：人

各　区	幼儿园数(所)		在园幼儿数		专任教师数	
	2018	2017	2018	2017	2018	2017
全　市	**1657**	**1604**	**450645**	**445535**	**38867**	**37903**
东城区	57	54	17012	16720	2079	2044
西城区	82	73	20721	19398	2268	2073
朝阳区	270	250	82723	78764	7706	7373
丰台区	140	137	42431	44323	3593	3804
石景山区	47	56	14430	15514	1240	1249
海淀区	177	171	66379	65545	5586	5480
门头沟区	36	31	7509	7101	822	689
房山区	117	110	31758	31537	2642	2546
通州区	131	126	26938	26721	2280	2165
顺义区	105	101	29234	28880	1517	1564
昌平区	127	137	32959	32005	2906	2924
大兴区	94	90	35620	35029	2348	2243
怀柔区	75	71	10431	10956	1121	1035
平谷区	75	72	12140	12028	846	890
密云区	73	71	13010	13151	1153	1091
延庆区	51	54	7350	7863	760	733

数据来源：北京市教育委员会。

3-54 公共图书馆情况

各 区	个数(个)		总藏数(万册、万件)		总流通人次(万人次)		书刊文献外借册次(万册次)	
	2018	2017	2018	2017	2018	2017	2018	2017
全 市	**24**	**24**	**6777**	**6528**	**2449**	**2139**	**1268**	**1115**
东 城 区	2	2	154	150	103	79	56	61
西 城 区	3	3	197	234	174	147	146	135
朝 阳 区	3	3	1199	1116	653	624	277	268
丰 台 区	2	2	111	106	32	30	35	20
石景山区	1	1	104	118	143	125	91	60
海 淀 区	2	2	4064	3926	890	713	310	261
门头沟区	1	1	109	90	1	1	4	4
房 山 区	2	2	148	146	71	70	44	45
通 州 区	1	1	74	69	151	123	71	41
顺 义 区	1	1	109	101	43	38	38	36
昌 平 区	1	1	73	71	28	32	32	37
大 兴 区	1	1	102	96	41	52	36	31
怀 柔 区	1	1	79	74	50	48	40	33
平 谷 区	1	1	111	101	45	25	58	51
密 云 区	1	1	78	71	12	13	15	14
延 庆 区	1	1	65	59	12	19	15	18

资料来源：北京市文化和旅游局、国家图书馆。

3-55 文物局系统内博物馆情况

各　区	个数(个)		文物藏品数(件)		#一级品	
	2018	2017	2018	2017	2018	2017
全　市	**43**	**43**	**1247602**	**1250673**	**763**	**762**
东 城 区	7	7	5285	5283	31	30
西 城 区	9	9	1011904	1017026	364	364
朝 阳 区	2	2	87334	87236	15	15
丰 台 区	2	2	1534	1534	4	4
石景山区	2	2	403	137		
海 淀 区	6	6	105679	105667	108	108
门头沟区	1	1	4389	4389		
房 山 区	2	2	7703	7703	15	15
通 州 区	1	1	2329	1658		
顺 义 区	1	1	28	28	28	28
昌 平 区	3	3	5055	4956	197	197
大 兴 区						
怀 柔 区	1	1	1487	1313		
平 谷 区	2	2	7782	7559		
密 云 区	1	1	2066	1560		
延 庆 区	3	3	4624	4624	1	1

资料来源：北京市文物局。

3-55 续表

各 区	参观人次(千人次)		本年收入(万元)	
	2018	2017	2018	2017
全 市	**9916**	**10312**	**365766**	**127248**
东城区	2071	2443	7610	9614
西城区	1925	1786	276947	33363
朝阳区	282	126	11930	10159
丰台区	13	38	2527	2198
石景山区	70	29	1399	5792
海淀区	432	353	13211	16032
门头沟区	25	20	526	569
房山区	246	222	10155	10527
通州区	50	35	529	730
顺义区	443	280	642	522
昌平区	3958	4157	35429	33019
大兴区				
怀柔区	13	32	500	500
平谷区	26	27	1346	2207
密云区	15	15	147	147
延庆区	347	750	2868	1870

3-56 档案事业情况

各区	档案馆个数(个)		建筑面积(平方米)		本年利用档案人次(人次)		本年利用现行文件和资料人次(人次)	
	2018	2017	2018	2017	2018	2017	2018	2017
全市	**18**	**18**	**122722**	**123401**	**148511**	**198994**	**1851**	**931**
东城区	1	1	4915	4915	11191	18833	121	1
西城区	2	2	18632	18632	19850	28940	19	18
朝阳区	1	1	2880	2800	12749	32263	100	32
丰台区	2	2	22304	22304	10587	16732	75	180
石景山区	1	1	3572	3527	1609	3996	5	3
海淀区	1	1	27280	27280	10166	8908	964	316
门头沟区	1	1	4651	4651	3923	3374	11	9
房山区	1	1	4731	4731	5534	4079	161	128
通州区	1	1	2651	2651	7099	14944	27	11
顺义区	1	1	6750	6750	4303	4303	45	19
昌平区	1	1	3800	3800	12369	10135		
大兴区	1	1	1968	1968	6554	5846	30	33
怀柔区	1	1	4000	4000	11570	14560	110	75
平谷区	1	1	4280	4280	15919	15919	148	16
密云区	1	1	4636	5440	12211	11862	32	85
延庆区	1	1	5672	5672	2877	4300	3	5

注：本年利用档案、现行文件和资料人次数量，包括利用纸质和电子两种之和。

资料来源：北京市档案局。

3–57 规模以上工业与信息传输、软件和信息技术服务业企业研究与试验发展（R&D）情况

单位：万元

各　区	工业企业研究与试验发展(R&D)经费		信息传输、软件和信息技术服务业研究与试验发展(R&D)经费	
	2018	2017	2018	2017
全　市	**2740102.7**	**2690851.2**	**3406527.3**	**2031342.4**
东 城 区	11699.5	16205.1	3.0	3253.0
西 城 区	42996.9	28041.9	52841.1	87929.5
朝 阳 区	130870.8	134101.8	521686.8	529682.5
丰 台 区	92940.0	137996.0	28797.7	23145.1
石景山区	35441.0	33586.3	23632.1	22251.1
海 淀 区	713693.1	771575.5	2692384.1	1330587.4
门头沟区	24172.0	25962.9		
房 山 区	59356.9	44188.4		
通 州 区	115904.9	93951.8		
顺 义 区	226605.1	292523.7	6061.0	854.6
昌 平 区	332060.4	296087.5	3061.2	14368.8
大 兴 区	166139.1	130847.1	6815.8	1575.6
怀 柔 区	52811.5	60377.7		
平 谷 区	13588.8	12711.1		
密 云 区	42732.6	18481.3		
延 庆 区	13288.3	14574.6		
北京经济技术开发区	665801.8	579638.5	71244.5	17694.8

3-57 续表

单位：人

各　区	工业企业研究与试验发展(R&D)人员数		信息传输、软件和信息技术服务业研究与试验发展(R&D)人员数	
	2018	2017	2018	2017
全　市	**69095**	**73416**	**58273**	**59054**
东城区	322	601	26	312
西城区	1559	1706	1340	2289
朝阳区	3044	4057	10016	9688
丰台区	3737	4648	744	838
石景山区	1319	1233	847	898
海淀区	17526	19230	43084	43816
门头沟区	1981	2700		
房山区	1624	1416		
通州区	3066	3093		
顺义区	5773	6150	238	31
昌平区	9015	9849	144	640
大兴区	3964	4337	961	78
怀柔区	1907	1622		
平谷区	676	513		
密云区	2006	864		
延庆区	473	343		
北京经济技术开发区	11103	11054	873	464

3-58 技术市场合同成交情况(2018年)

各　区	合同数 (项)	技术合同成交总额 (万元)
全　　市	**82486**	**49578246**
东 城 区	3446	4763844
西 城 区	6659	2088187
朝 阳 区	7384	10352865
丰 台 区	3470	8351230
石景山区	3180	826320
海 淀 区	52705	17472025
门头沟区	74	67187
房 山 区	392	83316
通 州 区	353	931349
顺 义 区	389	368269
昌 平 区	1761	1100249
大 兴 区	2280	2661740
怀 柔 区	172	215880
平 谷 区	49	10304
密 云 区	150	102056
延 庆 区	22	183424

资料来源：北京技术市场管理办公室。

3-59 专利申请及授权情况(2018年)

单位：件

各区	专利申请量	#发明专利	专利授权量	#发明专利
全市	**211212**	**117664**	**123496**	**46978**
东城区	11880	5738	7289	2537
西城区	14905	9086	10947	5461
朝阳区	37703	21754	22304	9040
丰台区	11423	5438	6744	1834
石景山区	4993	2770	2485	708
海淀区	81873	55271	42768	22318
门头沟区	1177	378	675	63
房山区	4158	1411	2520	296
通州区	5746	1289	4285	330
顺义区	7143	2026	5436	528
昌平区	12130	5824	7182	1925
大兴区	13245	5351	7798	1547
怀柔区	2259	729	1224	160
平谷区	1027	186	648	39
密云区	1055	274	845	149
延庆区	443	130	311	42
其他	52	9	35	1

资料来源：北京市知识产权局。

3-60　卫生机构数(2018年)

单位：个

各　区	卫生机构	#医院	#社区卫生服务中心(站)	#门诊部	#妇幼保健院(所、站)	#疾病预防控制中心(防疫站)	#专科疾病防治院(所、站)	#诊所、卫生所、医务室、护理站
全　市	**11100**	**736**	**2079**	**1268**	**21**	**29**	**26**	**4132**
东城区	554	63	66	85	2	2	3	314
西城区	695	50	98	69	2	8	4	440
朝阳区	1641	168	276	386	2	2	1	782
丰台区	527	75	181	106	1	1	1	131
石景山区	233	24	57	13	1	1	1	130
海淀区	1182	93	222	331	1	2	3	504
门头沟区	257	13	41	4	1	1	1	51
房山区	1007	35	216	34	3	2	2	194
通州区	616	24	98	47	1	1	1	78
顺义区	771	18	202	29	1	1	1	315
昌平区	1068	81	143	89	1	1	1	487
大兴区	871	42	149	61	1	2	1	340
怀柔区	488	12	70	6	1	2	1	113
平谷区	271	7	149	2	1	1	2	65
密云区	589	14	38	1	1	1	2	124
延庆区	318	5	73	5	1	1	1	64

注：本表全市数据包含驻京部队医院，分区数据不包含驻京部队医院，所以分区数据相加不等于全市。
资料来源：北京市卫生健康委员会。

3-61　卫生机构人员及卫生条件

单位：人

各　区	卫生机构人员		#卫生技术人员		#执业(助理)医师		#注册护士	
	2018	2017	2018	2017	2018	2017	2018	2017
全　市	**351765**	**346255**	**281686**	**276969**	**109376**	**105732**	**123589**	**123158**
东城区	32868	34810	25099	26554	9817	10518	10440	10836
西城区	44356	43592	36902	36216	13121	12795	16292	15992
朝阳区	67499	65189	52034	50137	21167	19774	22234	21544
丰台区	28151	25023	22345	19706	9158	7572	9185	8237
石景山区	10055	9736	8138	7840	3113	3008	3577	3404
海淀区	44161	42954	34586	33291	13182	12687	15251	14670
门头沟区	4624	4591	3581	3545	1263	1225	1502	1499
房山区	14204	13964	10523	10215	3945	3804	4264	4069
通州区	12664	12561	9966	9902	3789	3787	3642	3771
顺义区	11418	10545	9015	8121	3862	3386	3350	2986
昌平区	21330	19953	16596	15370	6220	5659	7405	6840
大兴区	16861	15047	12823	11534	4824	4374	5159	4735
怀柔区	4762	4424	3753	3449	1642	1453	1259	1159
平谷区	4789	4844	3988	3827	1602	1546	1535	1499
密云区	4791	4599	3748	3602	1908	1724	1143	1172
延庆区	3226	3095	2583	2475	1113	1062	995	947

注：本表全市数据除床位数外均包含驻京部队医院情况，分区数据不包含驻京部队医院，所以分区数据相加不等于全市。

资料来源：北京市卫生健康委员会。

3-61 续表

各　区	卫生机构实有床位数（张）		#医　院		每千常住人口执业（助理）医师数（人）		每千常住人口注册护士数（人）		每千常住人口医院床位数（张）	
	2018	2017	2018	2017	2018	2017	2018	2017	2018	2017
全　市	**123508**	**120557**	**116279**	**113576**	**5.08**	**4.87**	**5.74**	**5.67**	**5.40**	**5.23**
东城区	9947	11305	9793	11142	11.94	12.36	12.70	12.73	11.91	13.09
西城区	16368	15868	16318	15817	11.13	10.49	13.82	13.11	13.84	12.96
朝阳区	23669	23186	22615	22467	5.87	5.29	6.17	5.76	6.27	6.01
丰台区	12317	10554	12067	10398	4.35	3.46	4.36	3.77	5.73	4.76
石景山区	4770	4755	4710	4695	5.28	4.92	6.06	5.56	7.98	7.67
海淀区	13261	13001	12486	12221	3.93	3.65	4.54	4.22	3.72	3.51
门头沟区	2990	2953	2473	2446	3.82	3.80	4.54	4.66	7.47	7.60
房山区	6329	6633	5615	5921	3.32	3.30	3.59	3.53	4.73	5.13
通州区	3802	3737	3044	2999	2.40	2.51	2.31	2.50	1.93	1.99
顺义区	3870	3669	3037	2830	3.30	3.00	2.87	2.65	2.60	2.51
昌平区	11817	11475	11512	11118	2.95	2.74	3.51	3.32	5.46	5.39
大兴区	7603	6999	6880	6275	2.69	2.48	2.87	2.69	3.83	3.56
怀柔区	1931	1711	1701	1481	3.97	3.59	3.04	2.86	4.11	3.66
平谷区	1984	1979	1678	1661	3.51	3.45	3.37	3.35	3.68	3.71
密云区	1748	1695	1472	1297	3.85	3.52	2.31	2.39	2.97	2.65
延庆区	1102	1037	878	808	3.20	3.12	2.86	2.79	2.52	2.38

3-62 医院工作情况

各区	诊疗人次数(千人次)				健康检查人次(千人次)	
			#门诊			
	2018	2017	2018	2017	2018	2017
全市	**161732.7**	**160771.1**	**138657.1**	**135953.2**	**3733.9**	**3505.3**
东城区	20395.1	21463.9	19381.1	20375.6	297.7	358.2
西城区	26420.0	26767.3	24839.0	25152.1	369.6	322.7
朝阳区	27165.4	26365.6	25076.6	24381.1	897.1	705.7
丰台区	11454.1	10112.9	10658.2	9405.4	307.6	241.1
石景山区	4226.2	4097.4	3973.9	3851.9	147.7	150.8
海淀区	19211.4	18251.1	18176.7	17173.8	559.6	537.2
门头沟区	2525.5	2293.7	2388.7	2155.8	62.2	65.8
房山区	6528.4	6263.9	6049.0	5827.0	136.0	108.5
通州区	5167.9	4973.3	4731.0	4517.9	99.6	116.6
顺义区	4108.1	4362.2	3741.5	3974.9	202.6	222.7
昌平区	7583.9	7232.4	6914.8	6541.6	224.9	263.7
大兴区	5276.0	5318.2	4851.8	4861.0	123.2	119.7
怀柔区	2456.5	2327.9	2243.9	2122.9	105.7	96.9
平谷区	1955.5	2121.8	1726.9	1913.9	66.0	67.4
密云区	2784.6	2573.5	2507.7	2301.6	85.5	73.0
延庆区	1501.8	1490.2	1396.4	1396.7	48.8	55.4

注：本表全市数据包含驻京部队医院情况，分区数据不包含驻京部队医院，所以分区数据相加不等于全市。

资料来源：北京市卫生健康委员会。

3-62 续表

各　区	平均开放病床数(张)		入院人数(千人次)	
	2018	2017	2018	2017
全　市	**111873**	**108829**	**3396.4**	**3142.8**
东 城 区	9815	11086	407.6	426.6
西 城 区	15733	15553	660.7	618.6
朝 阳 区	21954	21503	737.7	675.9
丰 台 区	11263	9886	250.6	199.1
石景山区	4585	4423	110.2	99.7
海 淀 区	11670	11299	439.6	395.7
门头沟区	2471	2366	41.0	36.7
房 山 区	5600	5884	129.5	123.4
通 州 区	2934	2777	87.3	80.1
顺 义 区	2697	2562	63.4	61.0
昌 平 区	11030	10300	152.2	129.8
大 兴 区	6476	6008	164.2	152.3
怀 柔 区	1681	1451	37.7	36.1
平 谷 区	1647	1657	51.7	49.1
密 云 区	1472	1286	39.9	37.1
延 庆 区	846	788	23.1	21.8

3-63 社区卫生服务机构情况(2018年)

各 区	社区卫生服务机构专业技术人员数(人)	#全科医生	#社区护士	总诊疗人次数(千人次)	#门 诊	#急 诊
全 市	**30970**	**4623**	**9490**	**62388.8**	**61411.9**	**548.3**
东城区	1227	314	468	2673.1	2665.3	0.01
西城区	1852	247	655	3868.1	3838.2	0.04
朝阳区	5190	611	1633	12438.1	12317.0	100.9
丰台区	3583	439	1092	8912.3	8764.9	128.7
石景山区	896	145	308	2482.2	2460.2	19.0
海淀区	3865	564	1263	8236.4	7869.2	143.1
门头沟区	600	93	201	866.7	844.2	2.1
房山区	1800	332	498	3911.3	3878.3	17.3
通州区	2108	326	563	3882.2	3880.0	0.2
顺义区	1879	149	528	2688.7	2670.4	12.0
昌平区	1615	302	576	3009.7	2974.5	22.1
大兴区	2762	378	898	3359.6	3314.5	35.6
怀柔区	725	160	172	1207.3	1170.5	17.7
平谷区	1056	228	180	1424.0	1417.5	2.9
密云区	1089	191	281	2205.8	2185.0	16.9
延庆区	723	144	174	1223.2	1162.1	29.8

资料来源：北京市卫生健康委员会。

3-64 社会组织情况

单位：个

各　区	2018	2017
全　市	**12530**	**12164**
市本级	**4267**	**3957**
东 城 区	681	647
西 城 区	724	733
朝 阳 区	1017	951
丰 台 区	493	555
石景山区	323	305
海 淀 区	953	960
门头沟区	199	224
房 山 区	514	470
通 州 区	349	421
顺 义 区	390	391
昌 平 区	541	521
大 兴 区	572	537
怀 柔 区	465	478
平 谷 区	453	436
密 云 区	332	291
延 庆 区	257	287

注：社会组织包含社会团体、民办非企业单位、基金会。

资料来源：中共北京市委社会工作委员会北京市民政局。

3–65 体育场地情况(2013年)

单位：个

各区	体育场地数	#体育场	#体育馆	#游泳场馆	#各种训练房
全　市	**20075**	**131**	**70**	**590**	**2836**
东城区	698	3	2	57	197
西城区	1058	7	4	47	170
朝阳区	2600	9	7	188	408
丰台区	1275	4	3	31	192
石景山区	213	2	5	12	27
海淀区	2399	36	22	59	170
门头沟区	464		1	3	63
房山区	1545	9	4	11	86
通州区	950	14	5	18	53
顺义区	2285	10	5	51	567
昌平区	2143	10	5	72	465
大兴区	1449	20		24	179
怀柔区	757	2	1	6	90
平谷区	794	1	1	3	96
密云区	770	1	4	3	42
延庆区	675	3	1	5	31

注：本表数据为第六次全国体育场地普查数据（时点为2013年12月31日）。自2013年开始，体育场地数据不再按年度进行统计，数据将于第七次体育场地普查结束后更新。

资料来源：北京市体育局。

3-66 北京地区社会保险情况(2018年)

单位：人

各区	参加企业职工基本养老保险人数	#参加企业职工基本养老保险职工人数	参加职工基本医疗保险人数	#参加职工基本医疗保险职工人数	参加失业保险人数
全市	**15914979**	**13326512**	**16288778**	**13320018**	**12407013**
东城区	1481699	1206709	1630368	1245153	1157103
西城区	1955192	1517219	2137875	1561785	1446468
朝阳区	3489375	2987650	3708756	3145700	2691487
丰台区	982837	770485	1066248	806659	716066
石景山区	461405	325684	495075	348915	302848
海淀区	2858435	2570984	3133993	2745865	2431128
门头沟区	232454	170077	239392	169511	160199
房山区	387505	300474	421645	320340	295583
通州区	554415	477640	551081	477984	435167
顺义区	653401	586716	610477	532790	523539
昌平区	500758	428958	566688	464515	406910
大兴区	549029	481642	552478	470788	427874
怀柔区	222401	202504	219792	199341	191459
平谷区	214778	182719	227400	178731	170447
密云区	213944	185871	227804	189330	175980
延庆区	98344	78173	122559	94276	79701
北京经济技术开发区	459738	451283	376306	367773	379780
其他	599269	401724	841	562	415274

注：表中“其他”分组指社会保险代办机构。

资料来源：北京市人力资源和社会保障局、北京市医疗保障局。

3-67 收养性单位、社区服务情况(2018年)

各 区	收养性单位数(个)	收养性单位床位数(张)	社区服务机构数(个)	#社区服务中心数
全 市	**563**	**113788**	**11895**	**203**
市本级	**18**	**11713**	**150**	
东 城 区	16	1061	475	17
西 城 区	33	2902	742	15
朝 阳 区	64	15301	1110	38
丰 台 区	38	9215	686	16
石景山区	15	3460	392	10
海 淀 区	57	11204	1046	24
门头沟区	13	1258	576	5
房 山 区	50	8107	1055	11
通 州 区	22	6341	675	6
顺 义 区	19	2148	1149	25
昌 平 区	59	17131	615	8
大 兴 区	38	6456	684	10
怀 柔 区	18	2192	892	7
平 谷 区	33	5756	394	6
密 云 区	38	5092	732	2
延 庆 区	32	4451	522	3

资料来源：中共北京市委社会工作委员会北京市民政局。

3-68 社会救助对象情况(2018年)

单位：人

各区	社会救助对象总人数	城市居民最低生活保障人数	农村居民最低生活保障人数	农村集中五保供养人数	农村分散五保供养人数	城市集中特困供养人数	城市分散特困供养人数
全　市	**110651**	**67325**	**37691**	**1608**	**2991**	**441**	**595**
东城区	10296	10087				63	146
西城区	12982	12839				100	43
朝阳区	11732	11211	459	16			46
丰台区	9430	9138	166	26	2	55	43
石景山区	7235	7164				33	38
海淀区	5324	5115	74	33	2	52	48
门头沟区	6634	4669	1543	80	257	20	65
房山区	6532	1302	4708	158	348	10	6
通州区	4819	1241	3349	106	62	28	33
顺义区	4049	455	3404	83	55	10	42
昌平区	2529	721	1712	69	12	14	1
大兴区	2578	758	1647	82	65	20	6
怀柔区	5280	622	3366	185	1049	6	52
平谷区	4747	502	3981	176	74	6	8
密云区	12054	1106	10034	496	392	15	11
延庆区	4430	395	3248	98	673	9	7

资料来源：中共北京市委社会工作委员会北京市民政局。

3-69 婚姻登记情况

各区	登记结婚人数(人)		初婚人数(人)		再婚人数(人)		#女性		离婚登记对数(对)	
	2018	2017	2018	2017	2018	2017	2018	2017	2018	2017
全市	**275636**	**302908**	**169157**	**179316**	**106479**	**123592**	**51902**	**60241**	**66616**	**72964**
东城区	20102	24440	12938	15007	7164	9433	3400	4522	4637	5765
西城区	32420	35850	20734	21783	11686	14067	5614	6774	7336	8132
朝阳区	44216	47770	26442	27107	17774	20663	8473	9911	11024	12265
丰台区	17714	20082	10177	11019	7537	9063	3650	4346	5077	5509
石景山区	7520	8378	4290	4609	3230	3769	1554	1824	2178	2435
海淀区	52426	54888	36379	35670	16047	19218	7609	9173	10615	11389
门头沟区	4144	4628	2381	2681	1763	1947	878	985	1092	1122
房山区	15394	17560	8883	9979	6511	7581	3279	3825	3914	4487
通州区	15682	17510	9341	10459	6341	7051	3128	3445	3716	3706
顺义区	14418	15734	8076	8790	6342	6944	3189	3457	3647	3726
昌平区	11568	12296	6512	6922	5056	5374	2466	2647	3236	3223
大兴区	14676	15804	8663	9638	6013	6166	2986	3026	3672	3629
怀柔区	5098	5358	3138	3004	1960	2354	984	1195	1171	1524
平谷区	7766	8482	4310	4754	3456	3728	1798	1905	2034	2448
密云区	7718	8388	4063	4328	3655	4060	1881	2059	2025	2398
延庆区	4774	5740	2830	3566	1944	2174	1013	1147	1242	1206

注：离婚登记对数不含法院判离数。
资料来源：中共北京市委社会工作委员会北京市民政局。

3-70 基层法律服务所主要工作情况

各　区	担任法律顾问（家）		代理诉讼事务（件）		代理非诉讼事务（件）		解答法律询问（人次）	
	2018	2017	2018	2017	2018	2017	2018	2017
全　市	**308**	**1132**	**3779**	**5419**	**753**	**1279**	**16754**	**27690**
东 城 区	16	46	97	26	24	59	697	2196
西 城 区	19	31	169	231	72	72	538	558
朝 阳 区	1	27	32	100	2	10	185	5137
丰 台 区	35	25	243	355	40		3065	1240
石景山区	4	10	48	149	32	125	265	1769
海 淀 区	23	60	22	396	15	223	92	2315
门头沟区	1	8	47	57			417	35
房 山 区	104	74	91	1231	98	268	126	1321
通 州 区	47	656	802	252		31	2132	4828
顺 义 区	2	2	138	104	2	11	164	569
昌 平 区	6	5	58	196	15	30	372	950
大 兴 区	35	27	70	49	28	19	183	385
怀 柔 区			245	215			560	
平 谷 区	15	7	161	106		11	700	435
密 云 区								
延 庆 区		154	1556	1952	425	420	7258	5952

资料来源：北京市司法局。

3-71 公证处总办证量情况(2018年)

单位：件

各 区	总办证量	国内公证业务	涉外公证业务	涉港澳公证业务	涉台公证业务
全 市	**775253**	**425916**	**344142**	**2688**	**2507**
东 城 区	340494	159688	177446	1309	2051
西 城 区	224709	161347	62209	697	456
朝 阳 区	22643	14017	8524	102	
丰 台 区	13647	7324	6302	21	
石景山区	12899	5293	7606		
海 淀 区	109917	42993	66405	519	
门头沟区	2427	1616	811		
房 山 区	7871	5458	2407	6	
通 州 区	10360	6872	3458	30	
顺 义 区	4069	2366	1700	3	
昌 平 区	721	354	367		
大 兴 区	17982	12499	5483		
怀 柔 区	3592	2746	846		
平 谷 区	2042	2004	38		
密 云 区	1645	1179	465	1	
延 庆 区	235	160	75		

资料来源：北京市司法局。

3-72 刑事案件立案及破案情况

单位：起

各　区	刑事案件立案数		刑事案件破案数	
	2018	2017	2018	2017
全　市	**138696**	**140250**	**74857**	**64002**
东城区	4357	3898	1716	1208
西城区	5168	5640	2941	2737
朝阳区	33396	36200	20330	15408
丰台区	12937	13722	6463	6031
石景山区	2086	2279	1161	1200
海淀区	20416	20861	15734	13241
门头沟区	1522	1276	477	320
房山区	6906	6249	3870	3426
通州区	10549	9147	4350	3439
顺义区	8644	9571	3201	3814
昌平区	14607	12688	3855	2920
大兴区	8614	8583	3561	3052
怀柔区	1077	1255	767	926
平谷区	1900	1916	1275	1208
密云区	1552	1566	1047	957
延庆区	1116	1113	566	547
其　他	3849	4286	3543	3568

资料来源：北京市公安局。

3-73 火灾事故情况(2018年)

各 区	火灾事故起数 (起)	火灾事故死亡人数 (人)	火灾事故直接经济损失额 (万元)
全 市	**3293**	**32**	**3646.6**
东城区	120		56.1
西城区	74	2	141.8
朝阳区	604	7	183.9
丰台区	270	4	167.3
石景山区	60		55.1
海淀区	429	6	334.4
门头沟区	40	1	15.8
房山区	197	4	275.6
通州区	204	1	100.7
顺义区	201	1	1136.3
昌平区	308	1	167.3
大兴区	288	2	471.8
怀柔区	81	1	55.7
平谷区	197	1	211.8
密云区	92		105.1
延庆区	116	1	144.1
其 他	12		23.8

资料来源：北京市消防总队。

3-74　交通事故情况(2018年)

各　区	交通事故起数(起)	交通事故死亡人数(人)	交通事故直接经济损失(万元)
全　市	**3255**	**1298**	**3519.6**
东城区	119	23	30.2
西城区	72	21	88.1
朝阳区	260	158	117.7
丰台区	238	72	152.0
石景山区	104	14	324.0
海淀区	253	73	240.7
门头沟区	49	17	23.2
房山区	262	115	255.5
通州区	552	141	392.8
顺义区	298	139	838.6
昌平区	310	108	137.4
大兴区	289	157	204.4
怀柔区	62	53	69.2
平谷区	106	64	138.8
密云区	162	84	414.2
延庆区	97	49	61.8
其　他	22	10	31.0

资料来源：北京市公安局公安交通管理局。

3-75 生产安全情况(2018年)

各 区	生产安全事故数(起)	生产安全死亡人数(人)
全 市	**97**	**101**
东城区	1	1
西城区	1	1
朝阳区	12	14
丰台区	6	6
石景山区	1	1
海淀区	13	13
门头沟区	5	5
房山区	9	9
通州区	5	5
顺义区	3	3
昌平区	11	12
大兴区	14	14
怀柔区	3	3
平谷区	5	5
密云区	6	7
延庆区		
北京经济技术开发区	2	2

资料来源：北京市应急管理局。

3-76 污水处理情况(2018年)

各　区	污水处理厂(站)数 (座)	污水排放量 (万立方米)	污水处理量 (万立方米)
全　　市	**987**	**203703**	**190358**
城六区	**81**	**132520**	**131193**
门头沟区	103	1823	1549
房 山 区	99	10801	8679
通 州 区	109	10999	8686
顺 义 区	67	9803	8030
昌 平 区	83	12735	10605
大 兴 区	14	8104	6344
怀 柔 区	143	3633	3098
平 谷 区	23	3417	2941
密 云 区	207	2371	1982
延 庆 区	55	1728	1483
北京经济技术开发区	3	5768	5768

资料来源：北京市水务局。

3-77 城市环境基本情况(2018年)

各　区	二氧化硫(SO_2)年均浓度值(微克/立方米)	二氧化氮(NO_2)年均浓度值(微克/立方米)	可吸入颗粒物年均浓度值(微克/立方米)	细颗粒物(PM2.5)年均浓度值(微克/立方米)	林木绿化率(%)
全　市	**6**	**42**	**78**	**51**	**61.5**
东城区	6	45	80	52	19.1
西城区	6	45	82	52	14.6
朝阳区	7	47	83	52	26.1
丰台区	6	43	83	53	40.3
石景山区	6	48	79	53	40.7
海淀区	5	43	75	50	40.5
门头沟区	5	35	77	47	70.0
房山区	5	39	88	53	62.6
通州区	7	47	95	55	34.3
顺义区	6	36	73	50	37.2
昌平区	6	35	74	46	67.0
大兴区	5	48	97	53	32.1
怀柔区	4	24	63	44	80.0
平谷区	5	27	60	47	71.8
密云区	5	34	70	46	73.3
延庆区	6	33	80	48	71.7

资料来源：北京市生态环境局、北京市园林绿化局提供。

3-78　垃圾处理情况(2018年)

各　区	垃圾无害化处理场(厂)个数 (个)	生活垃圾转运站个数 (个)	生活垃圾无害化处理量 (万吨)	生活垃圾无害化处理率(按垃圾清运量计算) (%)
全　市	**28**	**9**	**975.12**	**99.94**
东 城 区			50.73	100.00
西 城 区			65.33	100.00
朝 阳 区	3	2	216.51	100.00
丰 台 区	3	2	109.14	100.00
石景山区		1	18.17	100.00
海 淀 区	2	1	101.18	100.00
门头沟区	2	1	11.02	100.00
房 山 区	2	1	51.62	100.00
通 州 区	2	1	45.01	99.20
顺 义 区	1		47.39	99.99
昌 平 区	2		87.85	100.00
大 兴 区	3		99.41	99.93
平 谷 区	1		17.77	100.00
怀 柔 区	3		18.64	98.87
密 云 区	1		21.07	100.00
延 庆 区	3		14.27	100.00

资料来源：北京市城市管理委员会。

3–79 民用汽车拥有量(2018年)

单位：辆

各 区	民用汽车拥有量	#私人汽车
全 市	**5746369**	**4790051**
东 城 区	560642	411973
西 城 区	463276	398702
朝 阳 区	1054133	896202
丰 台 区	572949	492135
石景山区	156587	134680
海 淀 区	930555	818526
门头沟区	67761	55175
房 山 区	241896	203486
通 州 区	306173	247534
顺 义 区	263844	207122
昌 平 区	406960	351792
大 兴 区	359675	286800
怀 柔 区	90793	69246
平 谷 区	107295	80828
密 云 区	94240	78623
延 庆 区	69590	57227

资料来源：北京市公安局公安交通管理局。

3-80　备案停车场情况(2018年)

单位：个

各　区	备案停车场个数	备案停车场车位总数
全　　市	**6324**	**1890573**
东 城 区	566	93183
西 城 区	766	129377
朝 阳 区	688	194708
丰 台 区	1045	337168
石景山区	226	64727
海 淀 区	1290	347237
门头沟区	126	36173
房 山 区	248	96824
通 州 区	323	111709
顺 义 区	112	43387
昌 平 区	280	145879
大 兴 区	309	134766
怀 柔 区	32	11898
平 谷 区	64	20316
密 云 区	61	20100
延 庆 区	31	8361
北京经济技术开发区	157	94760

资料来源：北京市交通委员会。

2019
北京区域统计年鉴

第四章

BEIJING AREA
STATISTICAL YEARBOOK

开发区

简要说明

一、本章资料的主要内容

本章资料包括3个国家级开发区及16个北京市级开发区的规划面积、产值、利润、从业人员等主要指标情况。

二、本章资料的数据来源

本章资料主要由北京市统计局提供，4-2表由北京经济技术开发区统计局提供。

三、本章资料的统计范围情况

本章资料包括3个国家级开发区（北京经济技术开发区、中关村国家自主创新示范区、北京天竺综合保税区）和16个北京市级开发区的主要情况。

2012年底，国务院批复了中关村国家自主创新示范区空间规模和布局调整的方案，从2013年起，中关村国家自主创新示范区中部分园区的空间规模和布局进行了扩大调整，其中，昌平园和西城园规划面积变化较大，平谷园、门头沟园、房山园、顺义园、密云园、怀柔园和延庆园7个园区纳入中关村国家自主创新示范区统计范围。

北京市开发区情况框架图

开发区	国家级（3个）	北京经济技术开发区
		中关村国家自主创新示范区
		中关村国家自主创新示范区海淀园
		中关村国家自主创新示范区丰台园
		中关村国家自主创新示范区昌平园
		中关村国家自主创新示范区朝阳园
		中关村国家自主创新示范区亦庄园
		中关村国家自主创新示范区西城园
		中关村国家自主创新示范区东城园
		中关村国家自主创新示范区石景山园
		中关村国家自主创新示范区通州园
		中关村国家自主创新示范区大兴园
		中关村国家自主创新示范区平谷园
		中关村国家自主创新示范区门头沟园
		中关村国家自主创新示范区房山园
		中关村国家自主创新示范区顺义园
		中关村国家自主创新示范区密云园
		中关村国家自主创新示范区怀柔园
		中关村国家自主创新示范区延庆园
		北京天竺综合保税区
	市级（16个）	北京石龙经济开发区
		北京良乡经济开发区
		北京大兴经济开发区
		北京通州经济开发区
		北京雁栖经济开发区
		北京兴谷经济开发区
		北京密云经济开发区
		北京八达岭经济开发区
		北京永乐经济开发区
		北京延庆经济开发区
		北京昌平小汤山工业园区
		北京采育经济开发区
		北京房山工业园区
		北京马坊工业园区
		北京临空经济核心区
		北京顺义科技创新产业功能区

注：1.开发区情况截止到2018年末。

2.自2018年年报开始，市级开发区统计范围取消“北京林河经济开发区”和“北京天竺空港经济开发区”，增加“北京临空经济核心区”和“北京顺义科技创新产业功能区”。

4-1 开发区基本情况(2018年)

项　　目		国家级	市 级
开发区个数	(个)	3	16
区规划总面积	(公顷)	46675.7	10880.6
累计已开发土地面积	(公顷)	32678.3	7891.0
累计已供应土地面积	(公顷)	29889.7	6224.4
累计已建成城镇建设用地面积	(公顷)	27082.4	5890.3
累计招商项目企业个数	(个)	76315	28346
累计招商项目总投资	(亿元)	31782.7	7884.5
累计招商项目注册资本	(亿元)	30141.5	8295.5
#三资企业	(亿元)	3530.7	468.6
累计招商项目合同外资金额	(亿美元)	398.6	70.6
累计招商项目外商实际投资	(亿美元)	299.1	67.3
总收入	(亿元)	64663.5	8989.3
工业总产值	(亿元)	11830.7	2256.3
工业销售产值	(亿元)	11476.2	2256.3
利润总额	(亿元)	4545.5	520.6
应缴税金	(亿元)	2873.0	294.1

注：1.本表中的开发区包括国家级及北京市市级开发区情况。
2.表内“累计”指自开始至2018年末的累计数。
3.本表市级开发区“总收入”“工业总产值”“工业销售产值”“利润总额”和“应缴税金”数据的统计范围为注册在开发区内的规模（限额）以上法人单位。

4-2 北京经济技术开发区主要指标

项　　目		2018	2017
规划面积	（公顷）	5960.0	5960.0
开发区生产总值	（亿元）	1509.5	1365.2
工业总产值（当年价格）	（亿元）	3841.2	3424.9
#高新技术产业	（亿元）	3182.1	2965.1
销售(营业)收入	（亿元）	11111.9	9810.1
利润总额	（亿元）	599.7	585.0
进出口总值	（亿美元）	192.9	170.9
出　口	（亿美元）	63.5	53.0
进　口	（亿美元）	129.4	117.9
一般公共预算收入	（亿元）	257.3	214.6
一般公共预算支出	（亿元）	205.7	184.4
实际利用外资	（亿美元）	5.4	4.0
固定资产投资增速	(%)	-6.4	-7.3
从业人员期末人数	（人）	348075	360595

注：工业总产值、销售(营业)收入和利润总额指标的统计范围是规模(限额)以上法人单位（下同）。

4-3 中关村国家自主创新示范区主要指标

项　　目		2018	2017
土地开发情况			
规划总面积	(公顷)	42799.3	42799.3
累计已开发土地面积	(公顷)	30083.8	29829.2
累计已供应土地面积	(公顷)	25441.3	25228.6
累计已建成城镇建设用地	(公顷)	24578.9	24866.9
投产、入资情况			
投产(开业)企业个数	(个)	22110	22013
#高新技术企业	(个)	12020	12984
#工业企业	(个)	3355	3045
#三资企业	(个)	1354	1430
注册资本	(亿元)	2764.7	2893.1
合同外资金额	(亿美元)	26.4	37.2
外商实际投资	(亿美元)	14.1	32.1
企业经营活动情况			
工业总产值	(亿元)	11129.1	10796.0
工业销售产值	(亿元)	10802.7	10534.2
#出口交货值	(亿元)	1005.7	791.1
总收入	(亿元)	58830.9	53025.8
#技术收入	(亿元)	11174.3	9369.6
利润总额	(亿元)	4413.3	4321.1
#高新技术企业	(亿元)	2140.0	2253.7
应缴税金总额	(亿元)	2842.0	2598.4
从业人员期末人数	(人)	2720575	2620437

4-3 续表

项　　目		2018	2017
研发活动情况			
研究开发人员合计	（人）	784720	735847
#全职人员	（人）	736800	693899
研究开发费用合计	（亿元）	2749.4	
#人员人工费用	（亿元）	1520.0	
委托外部研究开发费用	（亿元）	205.3	
#委托境外机构	（亿元）	8.1	
企业科技活动产出情况			
专利情况			
当年专利申请数	（件）	102717	86419
#发明专利	（件）	64946	53441
期末有效发明专利数	（件）	141486	114469
当年专利授权数	（件）	56374	46046
论文、著作情况			
发表科技论文	（篇）	15818	19621
技术改造和技术获取情况			
技术改造经费支出	（亿元）	25.4	23.9
引进境外技术经费支出	（亿元）	11.7	13.4
引进境外技术的消化吸收经费支出	（亿元）	1.1	10.9
购买境内技术经费支出	（亿元）	19.9	9.6

注：2018年实施研发统计制度方法改革，因此“研究开发费用合计”等指标没有上年数据(下表同)。

4-3 续表1 海淀园主要指标

项　目		2018	2017
规划总面积	(公顷)	17430.6	17430.6
累计已开发土地面积	(公顷)	14136.0	13970.6
累计已供应土地面积	(公顷)	13880.0	13763.8
累计已建成城镇建设用地	(公顷)	13381.1	13722.3
投产(开业)企业个数	(个)	11354	11242
#高新技术企业	(个)	6424	7428
#工业企业	(个)	829	761
#三资企业	(个)	629	681
注册资本	(万元)	13706898	18612618
合同外资金额	(万美元)	165612	1019000
外商实际投资	(万美元)	105121	249000
工业总产值	(亿元)	2412.4	2399.3
工业销售产值	(亿元)	2263.8	2297.3
#出口交货值	(亿元)	353.6	176.0
总收入	(亿元)	23978.5	21610.0
#技术收入	(亿元)	6065.5	4914.7
利润总额	(亿元)	1355.2	1579.4
#高新技术企业	(亿元)	898.6	1027.5
应缴税金总额	(亿元)	904.7	845.1
从业人员期末人数	(人)	1275410	1193564
研究开发人员合计	(人)	437547	413267
研究开发费用合计	(亿元)	1477.8	
当年专利申请数	(个)	48946	42572
当年专利授权数	(个)	25474	21381

4-3 续表2 丰台园主要指标

项　　　目		2018	2017
规划总面积	（公顷）	1763.0	1763.0
累计已开发土地面积	（公顷）	374.8	374.8
累计已供应土地面积	（公顷）	239.4	237.4
累计已建成城镇建设用地	（公顷）	205.3	199.0
投产（开业）企业个数	（个）	1744	1768
#高新技术企业	（个）	797	677
#工业企业	（个）	247	197
#三资企业	（个）	52	52
注册资本	（万元）	2400000	3292890
合同外资金额	（万美元）	4500	
外商实际投资	（万美元）	4500	
工业总产值	（亿元）	434.6	397.5
工业销售产值	（亿元）	420.0	396.5
#出口交货值	（亿元）	10.8	10.0
总收入	（亿元）	5731.7	5104.4
#技术收入	（亿元）	712.6	682.3
利润总额	（亿元）	346.9	452.1
#高新技术企业	（亿元）	120.7	98.2
应缴税金总额	（亿元）	157.7	154.3
从业人员期末人数	（人）	196352	197232
研究开发人员合计	（人）	43135	37523
研究开发费用合计	（亿元）	173.9	
当年专利申请数	（个）	5952	4450
当年专利授权数	（个）	3062	3079

4-3 续表3 昌平园主要指标

项 目		2018	2017
规划总面积	(公顷)	5140.3	5140.3
累计已开发土地面积	(公顷)	2742.8	2741.7
累计已供应土地面积	(公顷)	2492.7	2718.0
累计已建成城镇建设用地	(公顷)	1954.2	1954.2
投产(开业)企业个数	(个)	3072	3076
#高新技术企业	(个)	1066	989
#工业企业	(个)	716	605
#三资企业	(个)	129	130
注册资本	(万元)	872744	488507
合同外资金额	(万美元)	2244	595
外商实际投资	(万美元)	2244	595
工业总产值	(亿元)	984.1	1047.4
工业销售产值	(亿元)	951.5	1038.9
#出口交货值	(亿元)	71.8	61.1
总收入	(亿元)	4286.3	3954.0
#技术收入	(亿元)	266.0	236.6
利润总额	(亿元)	324.8	218.3
#高新技术企业	(亿元)	71.8	92.2
应缴税金总额	(亿元)	223.7	146.8
从业人员期末人数	(人)	170857	165581
研究开发人员合计	(人)	46299	46199
研究开发费用合计	(亿元)	157.2	
当年专利申请数	(个)	7346	5881
当年专利授权数	(个)	4723	4299

4-3 续表4 朝阳园主要指标

项　　目		2018	2017
规划总面积	(公顷)	2610.0	2610.0
累计已开发土地面积	(公顷)	1471.9	1471.9
累计已供应土地面积	(公顷)	1447.1	1447.1
累计已建成城镇建设用地	(公顷)	1061.5	1047.6
投产(开业)企业个数	(个)	1362	1439
#高新技术企业	(个)	875	901
#工业企业	(个)	151	154
#三资企业	(个)	156	172
注册资本	(万元)	1709141	701447
合同外资金额	(万美元)	23868	51922
外商实际投资	(万美元)	23868	51922
工业总产值	(亿元)	466.1	406.1
工业销售产值	(亿元)	441.3	393.4
#出口交货值	(亿元)	13.7	16.6
总收入	(亿元)	6362.3	5538.9
#技术收入	(亿元)	1534.5	1258.1
利润总额	(亿元)	593.0	344.1
#高新技术企业	(亿元)	363.5	268.9
应缴税金总额	(亿元)	547.1	520.7
从业人员期末人数	(人)	260455	232124
研究开发人员合计	(人)	73592	63670
研究开发费用合计	(亿元)	263.5	
当年专利申请数	(个)	16336	15309
当年专利授权数	(个)	7594	6802

4-3 续表5 亦庄园主要指标

项　　目		2018	2017
规划总面积	(公顷)	2678.0	2678.0
累计已开发土地面积	(公顷)	2678.0	2678.0
累计已供应土地面积	(公顷)		
累计已建成城镇建设用地	(公顷)	2678.0	2678.0
投产(开业)企业个数	(个)	844	862
#高新技术企业	(个)	549	533
#工业企业	(个)	307	289
#三资企业	(个)	143	153
注册资本	(万元)		
合同外资金额	(万美元)		
外商实际投资	(万美元)		
工业总产值	(亿元)	3171.8	2965.1
工业销售产值	(亿元)	3099.8	2885.8
#出口交货值	(亿元)	408.6	394.4
总收入	(亿元)	5519.8	5026.3
#技术收入	(亿元)	306.3	279.1
利润总额	(亿元)	491.3	489.0
#高新技术企业	(亿元)	151.1	162.0
应缴税金总额	(亿元)	453.7	405.0
从业人员期末人数	(人)	202758	222621
研究开发人员合计	(人)	43889	42311
研究开发费用合计	(亿元)	184.1	
当年专利申请数	(个)	4967	4042
当年专利授权数	(个)	3006	2412

4-3 续表6 西城园主要指标

项目		2018	2017
规划总面积	(公顷)	1000.0	1000.0
累计已开发土地面积	(公顷)	1000	1000.0
累计已供应土地面积	(公顷)	1000	1000.0
累计已建成城镇建设用地	(公顷)	1000	1000.0
投产(开业)企业个数	(个)	669	650
#高新技术企业	(个)	364	410
#工业企业	(个)	46	48
#三资企业	(个)	20	21
注册资本	(万元)	4135939	3900268
合同外资金额	(万美元)	741	11037
外商实际投资	(万美元)	741	11037
工业总产值	(亿元)	1200.0	1082.0
工业销售产值	(亿元)	1197.4	1080.7
#出口交货值	(亿元)	3.9	3.6
总收入	(亿元)	3112.0	2877.2
#技术收入	(亿元)	331.4	340.3
利润总额	(亿元)	305.7	288.1
#高新技术企业	(亿元)	124.3	100.8
应缴税金总额	(亿元)	125.7	139.2
从业人员期末人数	(人)	106685	107701
研究开发人员合计	(人)	26698	26746
研究开发费用合计	(亿元)	80.9	
当年专利申请数	(个)	3081	3227
当年专利授权数	(个)	2575	2111

4-3 续表7 东城园主要指标

项　　目		2018	2017
规划总面积	(公顷)	603.0	603.0
累计已开发土地面积	(公顷)	288.8	288.8
累计已供应土地面积	(公顷)		
累计已建成城镇建设用地	(公顷)	288.8	288.8
投产(开业)企业个数	(个)	435	428
#高新技术企业	(个)	268	268
#工业企业	(个)	17	16
#三资企业	(个)	25	24
注册资本	(万元)	265337	158945
合同外资金额	(万美元)		
外商实际投资	(万美元)		
工业总产值	(亿元)	16.7	45.4
工业销售产值	(亿元)	16.6	44.2
#出口交货值	(亿元)	1.1	1.5
总收入	(亿元)	2600.6	2336.4
#技术收入	(亿元)	904.4	854.2
利润总额	(亿元)	238.5	158.7
#高新技术企业	(亿元)	59.7	61.0
应缴税金总额	(亿元)	99.2	103.6
从业人员期末人数	(人)	88262	81189
研究开发人员合计	(人)	21852	19077
研究开发费用合计	(亿元)	82.4	
当年专利申请数	(个)	1329	1127
当年专利授权数	(个)	650	335

4-3 续表8 石景山园主要指标

项　　目		2018	2017
规划总面积	（公顷）	1334.0	1334.0
累计已开发土地面积	（公顷）	222.0	133.4
累计已供应土地面积	（公顷）	395.0	81.0
累计已建成城镇建设用地	（公顷）	133.4	133.4
投产（开业）企业个数	（个）	722	798
#高新技术企业	（个）	351	406
#工业企业	（个）	63	57
#三资企业	（个）	34	38
注册资本	（万元）	3387029	34260
合同外资金额	（万美元）	62269	3170
外商实际投资	（万美元）		3170
工业总产值	（亿元）	90.2	99.4
工业销售产值	（亿元）	91.1	97.1
#出口交货值	（亿元）	3.0	4.5
总收入	（亿元）	2364.2	2139.5
#技术收入	（亿元）	465.7	356.7
利润总额	（亿元）	415.1	423.2
#高新技术企业	（亿元）	75.1	110.0
应缴税金总额	（亿元）	94.1	80.2
从业人员期末人数	（人）	89462	90919
研究开发人员合计	（人）	24045	21727
研究开发费用合计	（亿元）	95.3	
当年专利申请数	（个）	2620	1367
当年专利授权数	（个）	1177	878

4-3 续表9 通州园主要指标

项　　目		2018	2017
规划总面积	(公顷)	3434.6	3434.6
累计已开发土地面积	(公顷)	2323.4	2323.4
累计已供应土地面积	(公顷)	1971.2	1971.2
累计已建成城镇建设用地	(公顷)	1284.6	1284.6
投产(开业)企业个数	(个)	331	344
#高新技术企业	(个)	246	297
#工业企业	(个)	202	207
#三资企业	(个)	36	36
注册资本	(万元)	189590	238002
合同外资金额	(万美元)	1258	3201
外商实际投资	(万美元)	1258	3201
工业总产值	(亿元)	309.7	324.5
工业销售产值	(亿元)	306.9	313.2
#出口交货值	(亿元)	17.4	19.0
总收入	(亿元)	796.4	799.7
#技术收入	(亿元)	196.6	144.4
利润总额	(亿元)	53.3	78.1
#高新技术企业	(亿元)	43.6	79.3
应缴税金总额	(亿元)	36.9	36.1
从业人员期末人数	(人)	46245	49034
研究开发人员合计	(人)	10359	10238
研究开发费用合计	(亿元)	39.2	
当年专利申请数	(个)	1492	1331
当年专利授权数	(个)	977	825

4-3 续表10 大兴园主要指标

项目		2018	2017
规划总面积	(公顷)	1124.7	1124.7
累计已开发土地面积	(公顷)	710.2	710.2
累计已供应土地面积	(公顷)	559.0	559.0
累计已建成城镇建设用地	(公顷)	345.3	313.1
投产(开业)企业个数	(个)	289	294
#高新技术企业	(个)	215	244
#工业企业	(个)	170	184
#三资企业	(个)	15	17
注册资本	(万元)	70448	34668
合同外资金额	(万美元)	2060	282
外商实际投资	(万美元)	2060	282
工业总产值	(亿元)	411.6	363.3
工业销售产值	(亿元)	400.3	357.1
#出口交货值	(亿元)	9.9	4.9
总收入	(亿元)	713.6	650.0
#技术收入	(亿元)	47.9	40.6
利润总额	(亿元)	50.8	41.4
#高新技术企业	(亿元)	42.1	31.7
应缴税金总额	(亿元)	37.5	27.9
从业人员期末人数	(人)	48611	47134
研究开发人员合计	(人)	10014	10106
研究开发费用合计	(亿元)	35.4	
当年专利申请数	(个)	2014	2029
当年专利授权数	(个)	1493	1040

4-3 续表11 平谷园主要指标

项　　目		2018	2017
规划总面积	(公顷)	508.0	508.0
累计已开发土地面积	(公顷)	227.7	227.7
累计已供应土地面积	(公顷)	103.4	103.4
累计已建成城镇建设用地	(公顷)	85.2	85.2
投产(开业)企业个数	(个)	126	109
#高新技术企业	(个)	72	68
#工业企业	(个)	61	47
#三资企业	(个)	14	13
注册资本	(万元)	130000	3500
合同外资金额	(万美元)		
外商实际投资	(万美元)		
工业总产值	(亿元)	52.1	50.8
工业销售产值	(亿元)	50.0	53.4
#出口交货值	(亿元)	1.8	1.8
总收入	(亿元)	160.1	134.5
#技术收入	(亿元)	8.6	7.2
利润总额	(亿元)	8.5	7.4
#高新技术企业	(亿元)	4.3	2.8
应缴税金总额	(亿元)	11.9	7.6
从业人员期末人数	(人)	17388	17495
研究开发人员合计	(人)	2856	2548
研究开发费用合计	(亿元)	5.3	
当年专利申请数	(个)	217	168
当年专利授权数	(个)	160	90

4-3 续表12 门头沟园主要指标

项　　目		2018	2017
规划总面积	(公顷)	189.0	189.0
累计已开发土地面积	(公顷)	120.0	120.0
累计已供应土地面积	(公顷)	120.0	120.0
累计已建成城镇建设用地	(公顷)		
投产(开业)企业个数	(个)	163	137
#高新技术企业	(个)	109	100
#工业企业	(个)	45	42
#三资企业	(个)	6	4
注册资本	(万元)	84932	122634
合同外资金额	(万美元)		
外商实际投资	(万美元)		
工业总产值	(亿元)	69.1	78.7
工业销售产值	(亿元)	64.9	69.2
#出口交货值	(亿元)	19.8	19.0
总收入	(亿元)	313.0	219.3
#技术收入	(亿元)	39.7	30.7
利润总额	(亿元)	19.0	15.3
#高新技术企业	(亿元)	9.8	17.8
应缴税金总额	(亿元)	17.7	13.5
从业人员期末人数	(人)	19166	18265
研究开发人员合计	(人)	5486	5881
研究开发费用合计	(亿元)	13.1	
当年专利申请数	(个)	600	380
当年专利授权数	(个)	311	180

4-3 续表13 房山园主要指标

项　目		2018	2017
规划总面积	(公顷)	1572.6	1572.6
累计已开发土地面积	(公顷)	1213.6	1214.0
累计已供应土地面积	(公顷)	1145.2	1139.4
累计已建成城镇建设用地	(公顷)	738.8	738.0
投产(开业)企业个数	(个)	255	207
#高新技术企业	(个)	152	156
#工业企业	(个)	117	90
#三资企业	(个)	7	7
注册资本	(万元)	266235	245170
合同外资金额	(万美元)		
外商实际投资	(万美元)		
工业总产值	(亿元)	272.5	231.0
工业销售产值	(亿元)	259.3	224.0
#出口交货值	(亿元)	6.5	2.4
总收入	(亿元)	493.2	364.1
#技术收入	(亿元)	43.5	14.0
利润总额	(亿元)	27.3	17.6
#高新技术企业	(亿元)	21.8	13.5
应缴税金总额	(亿元)	20.4	17.3
从业人员期末人数	(人)	37233	34760
研究开发人员合计	(人)	6730	5666
研究开发费用合计	(亿元)	20.3	
当年专利申请数	(个)	980	826
当年专利授权数	(个)	607	378

4-3 续表14 顺义园主要指标

项　　目		2018	2017
规划总面积	(公顷)	1208.5	1208.5
累计已开发土地面积	(公顷)	912.4	912.4
累计已供应土地面积	(公顷)	567.5	567.5
累计已建成城镇建设用地	(公顷)	410.7	410.7
投产(开业)企业个数	(个)	344	300
#高新技术企业	(个)	249	253
#工业企业	(个)	177	162
#三资企业	(个)	46	43
注册资本	(万元)	310637	244201
合同外资金额	(万美元)	1314	1655
外商实际投资	(万美元)	1314	1655
工业总产值	(亿元)	533.7	583.3
工业销售产值	(亿元)	530.9	582.9
#出口交货值	(亿元)	54.0	48.7
总收入	(亿元)	1277.2	1256.0
#技术收入	(亿元)	207.0	174.4
利润总额	(亿元)	157.8	163.9
#高新技术企业	(亿元)	120.3	147.6
应缴税金总额	(亿元)	67.6	55.8
从业人员期末人数	(人)	93069	100362
研究开发人员合计	(人)	19562	20164
研究开发费用合计	(亿元)	77.9	
当年专利申请数	(个)	4225	2600
当年专利授权数	(个)	3507	1421

4-3　续表15 密云园主要指标

项　　目		2018	2017
规划总面积	(公顷)	1000.8	1000.8
累计已开发土地面积	(公顷)	699.3	699.3
累计已供应土地面积	(公顷)	607.0	607.0
累计已建成城镇建设用地	(公顷)	462.4	462.4
投产(开业)企业个数	(个)	141	135
#高新技术企业	(个)	106	99
#工业企业	(个)	82	76
#三资企业	(个)	11	11
注册资本	(万元)	92210	389636
合同外资金额	(万美元)		
外商实际投资	(万美元)		
工业总产值	(亿元)	193.9	192.5
工业销售产值	(亿元)	190.2	189.6
#出口交货值	(亿元)	13.2	9.3
总收入	(亿元)	352.1	269.4
#技术收入	(亿元)	9.8	8.4
利润总额	(亿元)	-1.4	11.0
#高新技术企业	(亿元)	11.8	10.2
应缴税金总额	(亿元)	16.4	16.8
从业人员期末人数	(人)	28939	23174
研究开发人员合计	(人)	4932	3288
研究开发费用合计	(亿元)	16.4	
当年专利申请数	(个)	459	245
当年专利授权数	(个)	358	334

4-3 续表16 怀柔园主要指标

项　　目		2018	2017
规划总面积	(公顷)	711.0	711.0
累计已开发土地面积	(公顷)	693.1	693.1
累计已供应土地面积	(公顷)	664.3	664.3
累计已建成城镇建设用地	(公顷)	359.2	359.2
投产(开业)企业个数	(个)	156	152
#高新技术企业	(个)	116	108
#工业企业	(个)	88	83
#三资企业	(个)	28	25
注册资本	(万元)	15502	12104
合同外资金额	(万美元)		
外商实际投资	(万美元)		
工业总产值	(亿元)	451.9	471.5
工业销售产值	(亿元)	461.2	455.0
#出口交货值	(亿元)	15.5	17.4
总收入	(亿元)	648.0	639.1
#技术收入	(亿元)	18.8	16.4
利润总额	(亿元)	29.6	24.7
#高新技术企业	(亿元)	19.3	22.3
应缴税金总额	(亿元)	23.2	24.3
从业人员期末人数	(人)	30899	31806
研究开发人员合计	(人)	5910	6065
研究开发费用合计	(亿元)	22.0	
当年专利申请数	(个)	1928	708
当年专利授权数	(个)	551	396

4-3 续表17 延庆园主要指标

项目		2018	2017
规划总面积	(公顷)	491.2	491.2
累计已开发土地面积	(公顷)	270.0	270.0
累计已供应土地面积	(公顷)	249.6	249.6
累计已建成城镇建设用地	(公顷)	190.6	190.6
投产(开业)企业个数	(个)	103	72
#高新技术企业	(个)	61	47
#工业企业	(个)	37	27
#三资企业	(个)	3	3
注册资本	(万元)	9921	2754
合同外资金额	(万美元)		
外商实际投资	(万美元)		
工业总产值	(亿元)	58.7	58.2
工业销售产值	(亿元)	57.5	55.9
#出口交货值	(亿元)	1.2	1.0
总收入	(亿元)	122.0	107.1
#技术收入	(亿元)	15.9	11.4
利润总额	(亿元)	-2.0	8.7
#高新技术企业	(亿元)	2.2	8.0
应缴税金总额	(亿元)	4.6	4.2
从业人员期末人数	(人)	8784	7476
研究开发人员合计	(人)	1814	1371
研究开发费用合计	(亿元)	4.8	
当年专利申请数	(个)	225	157
当年专利授权数	(个)	149	85

4-4 北京天竺综合保税区主要指标

项　　目		2018	2017
规划总面积	(公顷)	594.4	594.4
累计已开发土地面积	(公顷)	349.5	349.5
累计已供应土地面积	(公顷)	323.7	323.7
累计已建成城镇建设用地	(公顷)	258.5	258.5
投产(开业)企业个数	(个)	46	55
#高新技术企业	(个)	6	4
#工业企业	(个)	6	6
#三资企业	(个)	13	18
注册资本	(万元)	258449	155783
合同外资金额	(万美元)		1127
工业总产值	(亿元)	27.9	24.9
工业销售产值	(亿元)	24.9	22.5
#出口交货值	(亿元)	23.5	21.3
总收入	(亿元)	240.5	220.2
利润总额	(亿元)	23.8	26.2
#高新技术企业	(亿元)	5.5	6.0
应缴税金总额	(亿元)	10.0	9.9
从业人员平均人数	(人)	17505	15669

注：1.北京天竺综合保税区为国家级综合保税区，范围包括北京天竺出口加工区和北京空港保税物流中心。
2.本表“投产(开业)企业个数”“工业总产值”“工业销售产值”“总收入”“利润总额”“应缴税金总额”“从业人员平均人数”的统计范围为注册在开发区内的规模(限额)以上法人单位。

4-5 北京市级开发区主要指标(2018年)

项 目	规划总面积(公顷)	累计已开发土地面积(公顷)	累计已供应土地面积(公顷)	累计已建成城镇建设用地(公顷)	投产(开业)企业个数(个)	总投资(万元)	总收入(万元)	利润总额(万元)	从业人员平均人数(人)
市级开发区合计	**10880.6**	**7891.0**	**6224.4**	**5890.3**	**1775**	**2656582**	**89893007**	**5205834**	**458066**
北京石龙经济开发区	189.0	120.0	120.0		367	1314982	9317718	140677	49068
北京良乡经济开发区	240.9	136.1	132.7	117.4	112		3043583	39909	10095
北京大兴经济开发区	416.0	394.6	394.6	377.6	138		3303585	140088	23762
北京通州经济开发区	1947.6	770.7	750.5	637.3	55		1611139	339827	14104
北京雁栖经济开发区	1096.0	1096.0	722.2	637.6	139	26448	4432818	337214	24986
北京兴谷经济开发区	503.2	571.7	421.6	596.0	54	46598	1570457	18688	14050
北京密云经济开发区	1249.5	1249.5	1000.4	910.0	197	3000	4957740	113484	41210
北京八达岭经济开发区	909.8	443.2	392.6	411.6	80	291042	1265677	212159	11429
北京永乐经济开发区	459.8	219.3	137.1	137.1	13	31255	77282	-6393	1122
北京延庆经济开发区					74		1201725	9175	5824
北京昌平小汤山工业园区	257.3	23.5	23.5	45.3	4		35783	438	187
北京采育经济开发区	355.0	327.1	319.7	291.4	24	260200	2599760	153340	9444
北京房山工业园区	218.5	159.5	150.7	122.8	23	62606	708754	24954	2892
北京马坊工业园区	345.6	202.5	140.4	114.7	31	26731	420519	5452	3369
北京临空经济核心区	1360.4	1234.8	700.0	673.0	330	593720	40376812	2791049	181715
北京顺义科技创新产业功能区	1332.0	942.6	818.5	818.5	134		14969656	885775	64809

注：本表“投产(开业)企业个数”“总收入”“利润总额”和“从业人员平均人数”的统计范围为注册在开发区内的规模(限额)以上法人单位。

2019
北京区域统计年鉴

第五章

BEIJING AREA
STATISTICAL YEARBOOK

高端产业功能区

简要说明

一、本章资料的主要内容

本章资料为中关村国家自主创新示范区、金融街、北京商务中心区、北京经济技术开发区、临空经济区、奥林匹克中心区等高端产业功能区主要指标数据。

按统计制度规定，高端产业功能区中的中关村国家自主创新示范区按注册地统计，其他功能区都按经营地统计，因此，中关村国家自主创新示范区与其他 5 个功能区的单位有重复，在核算高端产业功能区合计时剔除了重复部分，所以分功能区数据相加不等于功能区合计。

由于 2018 年为第四次全国经济普查年份，普查数据尚未发布，所以本章节数据仍为 2017 年数据。

二、本章资料的数据来源

本章资料均来自北京市统计局。

5-1 高端产业功能区规模以上法人单位主要财务指标（2008-2017年）

单位：亿元

项 目	2008	2009	2010	2011	2012
高端产业功能区资产总计	**231482.3**	**282433.8**	**326671.7**	**379132.6**	**439140.9**
（剔除重复部分）					
中关村国家自主创新示范区	12049.7	16812.7	20085.8	25903.4	35287.8
金融街	204394.6	247446.0	279566.7	321315.1	366544.0
北京商务中心区	6103.4	8291.6	14929.8	18299.4	22017.7
北京经济技术开发区	2179.2	2812.3	3691.0	4606.8	4863.5
临空经济区	3700.3	4133.8	4831.1	5279.7	5741.2
奥林匹克中心区	4585.8	5528.5	6577.4	6951.9	8643.9
高端产业功能区收入合计	**21641.5**	**24518.6**	**31499.2**	**37609.0**	**45451.8**
（剔除重复部分）					
中关村国家自主创新示范区	9945.8	12747.1	15587.7	19035.7	24283.4
金融街	5440.8	5627.1	6454.8	7096.3	8109.6
北京商务中心区	2345.8	2480.6	4338.7	4985.4	5854.5
北京经济技术开发区	2985.5	3241.3	3738.1	4136.4	4328.3
临空经济区	2096.6	2234.4	3029.3	3488.0	3619.3
奥林匹克中心区	1259.1	1465.0	2287.2	2624.6	2876.0
高端产业功能区利润总额	**2582.4**	**3112.7**	**4037.5**	**5341.4**	**6292.5**
（剔除重复部分）					
中关村国家自主创新示范区	757.1	1137.3	1319.4	1533.1	1755.3
金融街	1536.7	1449.1	1833.9	2762.1	3433.6
北京商务中心区	166.9	199.2	451.7	472.6	556.5
北京经济技术开发区	274.4	282.1	329.3	339.7	212.2
临空经济区	-13.9	154.7	265.2	317.9	257.3
奥林匹克中心区	90.9	167.2	174.2	228.9	286.1

注：自2010年起，北京商务中心区的数据为东扩后的数据。

5-1 续表

单位：亿元

项　　目	2013	2014	2015	2016	2017
高端产业功能区资产总计	**551156.0**	**631584.0**	**753426.6**	**880708.7**	**955548.8**
（剔除重复部分）					
中关村国家自主创新示范区	46156.4	58737.7	73131.4	91154.6	107575.0
金融街	462465.0	520272.5	620991.5	720852.1	765117.0
北京商务中心区	26715.9	32455.1	39212.2	45139.9	54516.1
北京经济技术开发区	5460.3	6364.2	7227.3	8727.9	13687.4
临空经济区	6325.1	7930.5	7940.9	8644.7	9687.5
奥林匹克中心区	9727.4	11958.6	12860.2	16599.2	17740.5
高端产业功能区收入合计	**51567.1**	**58432.2**	**63979.0**	**69805.3**	**78261.8**
（剔除重复部分）					
中关村国家自主创新示范区	29655.8	35154.6	39516.6	44326.4	51337.5
金融街	8093.2	8895.2	10764.0	10016.0	10054.6
北京商务中心区	7018.3	7278.1	7018.3	7201.2	7362.4
北京经济技术开发区	4787.3	5589.9	6670.1	8065.6	9795.6
临空经济区	3790.8	4774.4	3986.6	4149.0	4210.6
奥林匹克中心区	3041.1	2692.0	2618.8	4269.9	4790.8
高端产业功能区利润总额	**6941.2**	**8302.3**	**10863.7**	**9872.3**	**11001.5**
（剔除重复部分）					
中关村国家自主创新示范区	2247.5	3014.0	3443.3	3761.7	4357.6
金融街	3513.3	3740.5	5701.8	4320.4	4823.7
北京商务中心区	707.2	1010.6	1134.4	1335.9	1363.2
北京经济技术开发区	276.5	249.2	384.6	399.7	581.5
临空经济区	281.9	385.6	412.9	330.4	384.1
奥林匹克中心区	199.7	199.9	195.5	220.8	87.1

注：自2016年起，奥林匹克中心区数据为范围调整后数据。

5-2 高端产业功能区规模以上法人单位主要财务指标（2017年）

项　　目	法人单位数 (个)	资产总计 (亿元)	收入合计 (亿元)	利润总额 (亿元)
高端产业功能区合计	**12600**	**955548.8**	**78261.8**	**11001.5**
（剔除重复部分）				
中关村国家自主创新示范区	7690	107575.0	51337.5	4357.6
#工　业	1638	19399.0	12006.5	1192.9
信息传输、软件和信息技术服务业	2625	17403.0	7983.8	878.2
科学研究和技术服务业	1535	15554.0	5989.1	456.5
金融街	657	765117.0	10054.6	4823.7
#金融业	215	720620.8	7017.1	2228.9
批发和零售业	37	2647.8	1103.8	30.5
信息传输、软件和信息技术服务业	24	21733.0	469.8	2178.7
北京商务中心区	1730	54516.1	7362.4	1363.2
#租赁和商务服务业	564	4840.5	1419.7	77.3
批发和零售业	266	3453.3	2886.7	142.1
金融业	200	41005.4	1750.1	971.2
北京经济技术开发区	844	13687.4	9795.6	581.5
#工　业	287	4187.9	3533.2	431.6
批发和零售业	160	3776.6	4983.3	40.7
科学研究和技术服务业	94	465.0	173.8	13.5
临空经济区	847	9687.5	4210.6	384.1
#工　业	108	1075.2	1107.7	5.0
交通运输、仓储和邮政业	157	3302.7	1746.5	172.6
租赁和商务服务业	66	2143.0	155.3	51.2
奥林匹克中心区	1546	17740.5	4790.8	87.1
#工　业	23	373.4	122.2	-1.1
批发和零售业	288	4293.9	2446.8	-144.2
交通运输、仓储和邮政业	18	475.9	139.4	66.7

注：本表行业划分执行《国民经济行业分类》（GB/T 4754-2011）标准。

2019

北京区域统计年鉴

第六章

BEIJING AREA

STATISTICAL YEARBOOK

直辖市

简要说明

一、本章资料的主要内容

本章资料主要包括2018年北京、天津、上海、重庆四个直辖市的自然资源、经济发展、社会领域的主要指标数据。

二、本章资料的数据来源

北京市数据由北京市统计局根据相关资料整理，天津、上海的部分数据摘自2019年出版的《中国统计年鉴》，重庆数据摘自2019年出版的《重庆统计年鉴》。

6-1 京津沪渝主要指标(2018年)
——自然情况

项　　目		北 京	天 津	上 海	重 庆
土地面积	(平方公里)	16411	11966	6341	82403
平均气温	(摄氏度)	13.6	13.8	17.7	18.3
平均相对湿度	(%)	49	56	74	78
降水量	(毫米)	546.5	626.5	1408.8	1128.2
日照时数	(小时/年)	2484	2435	1836	1142
湿地面积	(千公顷)	48.1	295.6	464.6	207.2
自然保护区个数	(个)	21	8	4	58
自然保护区面积	(万公顷)	13.83	9.06	13.68	80.42

6-2 京津沪渝主要指标(2018年)
——经 济

项　　目		北 京	天 津	上 海	重 庆
地区生产总值	(亿元)	30320.0	18809.6	32679.9	20363.2
第一产业		118.7	172.7	104.4	1378.3
第二产业		5647.7	7609.8	9732.5	8328.8
第三产业		24553.6	11027.1	22843.0	10656.1
地区生产总值构成	(%)	100.0	100.0	100.0	100.0
第一产业		0.4	0.9	0.3	6.8
第二产业		18.6	40.5	29.8	40.9
第三产业		81.0	58.6	69.9	52.3
人均地区生产总值	(元)	140211	120711	134982	65933
全社会固定资产投资增速	(%)	-9.9	-5.6	5.2	7.0
一般公共预算收入	(亿元)	5785.9	2106.2	7108.2	2265.5
一般公共预算支出	(亿元)	7471.4	3103.2	8351.5	4541.0
居民消费价格总指数(以上年=100)		102.5	102.0	101.6	102.0
城镇单位在岗职工工资总额	(亿元)	11562.8	2645.6	9021.8	2903.8
城镇单位在岗职工平均工资	(元)	149843	103931	142983	81764
城镇登记失业率	(%)	1.40	3.50	3.53	3.30
社会消费品零售总额	(亿元)	11747.7	5533.0	12668.7	7977.0
地区进出口总值	(亿美元)	4124.9	1225.6	5156.8	790.2
实际利用外商直接投资	(亿美元)	173.1	48.5	173.0	102.7
接待入境旅游者人数	(万人次)	400.4	59.0	742.0	388.0
金融机构(含外资)人民币存款余额	(亿元)	15043.4	30983.2	121112.3	36887.3

注：表中城镇单位在岗职工工资总额和平均工资数据除北京市外均为城镇非私营在岗职工口径。

6-3 京津沪渝主要指标(2018年)
——社 会

项 目		北 京	天 津	上 海	重 庆
常住人口	(万人)	2154.2	1559.6	2423.8	3101.8
户籍人口	(万人)	1375.8	1081.6	1447.6	3403.6
从业人员	(万人)	1237.8	896.6		1709.5
第一产业		45.4	60.1		464.8
第二产业		182.2	285.0		442.6
第三产业		1010.2	551.5		802.2
普通本专科在校学生数	(万人)	58.1	52.3	51.8	76.3
普通高中在校学生数	(万人)	15.5	16.0	15.8	60.8
小学在校学生数	(万人)	91.3	67.3	80.0	209.5
研究与试验发展经费支出	(亿元)	1870.8	492.4	1359.2	410.2
公共图书馆图书总藏量	(万册)	6777.0	1867.0	7894.0	1807.9
结婚对数	(万对)	13.8	9.8	10.5	25.9
离婚对数	(万对)	7.4	6.4	5.9	13.6
全市居民人均可支配收入	(元)	62361	39506	64183	26386
城镇居民人均可支配收入	(元)	67990	42976	68034	34889
农村居民人均可支配收入	(元)	26490	23065	30375	13781
医院个数	(个)	736	420	358	1684
医院床位数	(万张)	11.63	6.03	12.08	16.21
卫生机构拥有执业医师人数	(万人)	10.94	4.30	7.20	7.64
城市绿化覆盖率	(%)	48.4	38.0	36.2	40.4

2019
北京区域统计年鉴

第七章

BEIJING AREA STATISTICAL YEARBOOK

全国主要经济区域

简要说明

一、本章资料的主要内容

本章资料包括 2018 年全国、京津冀地区、长江三角洲地区、珠江三角洲地区土地、人口、经济、价格、就业、人民生活等方面的主要指标数据。

二、本章资料的数据来源

北京市数据由北京市统计局根据相关资料整理，全国及天津、上海、江苏、浙江数据摘自 2019 年出版的《中国统计年鉴》，珠江三角洲地区数据摘自 2019 年出版的《广东统计年鉴》，河北省数据为河北省统计局提供的年度初步统计数据。

7-1 三大经济区域主要城市指标
——土地、人口

地 区	土地面积(平方公里)	常住人口(万人)		
		2018	2017	增长速度(%)
全 国	**9600000**	**139538**	**139008**	**0.4**
京津冀地区				
北 京	16411	2154.2	2170.7	-0.8
天 津	11966	1559.6	1556.9	0.2
河 北	187693	7556.3	7519.5	0.5
石家庄	15848	1095.2	1088.0	0.7
唐 山	13472	793.6	789.7	0.5
秦皇岛	7523	313.4	311.1	0.8
邯 郸	12062	952.8	951.1	0.2
邢 台	12486	737.4	735.2	0.3
保 定	20584	1173.1	1169.1	0.3
张家口	36873	443.4	443.3	0.0
承 德	39548	357.9	356.5	0.4
沧 州	14053	758.6	755.5	0.4
廊 坊	6429	483.7	474.1	2.0
衡 水	8815	447.2	446.0	0.3
长江三角洲地区				
上 海	6341	2423.8	2418.3	0.2
江 苏	107200	8051.0	8029.3	0.3
浙 江	105500	5737.0	5657.0	1.4
珠江三角洲地区				
广 州	7249	1490.4	1449.8	2.8
深 圳	1997	1302.7	1252.8	4.0
珠 海	1736	189.1	176.5	7.1
佛 山	3798	790.6	765.7	3.3
惠 州	11347	483.0	477.7	1.1
东 莞	2460	839.2	834.3	0.6
中 山	1784	331.0	326.0	1.5
江 门	9507	459.8	456.2	0.8
肇 庆	14891	415.2	411.5	0.9

7-2 三大经济区域主要城市指标
——地区生产总值

单位：亿元

地 区	地区生产总值			第一产业		
	2018	2017	增长速度(%)	2018	2017	增长速度(%)
全 国	**900309.5**	**820754.3**	**6.6**	**64734.0**	**62099.5**	**3.5**
京津冀地区						
北 京	30320.0	28014.9	6.6	118.7	120.4	-2.3
天 津	18809.6	18549.2	3.6	172.7	169.0	0.1
河 北	36010.3	34016.3	6.6	3338.0	3130.0	3.0
石家庄	6082.6	6177.0	7.4	420.5	394.6	3.2
唐 山	6955.0	6530.1	7.3	493.1	465.7	2.7
秦皇岛	1635.6	1500.3	7.3	203.3	193.0	3.8
邯 郸	3454.6	3379.5	6.6	313.3	306.9	2.7
邢 台	2150.8	2090.6	7.0	265.4	247.9	4.6
保 定	3589.8	3449.7	6.6	414.3	389.9	3.7
张家口	1536.6	1427.0	7.6	226.6	200.6	6.8
承 德	1481.5	1465.5	6.4	267.5	235.0	6.8
沧 州	3676.4	3643.4	6.4	275.9	263.2	3.6
廊 坊	3108.2	2881.0	6.5	196.7	190.1	0.8
衡 水	1558.7	1523.2	6.9	200.5	187.6	4.0
长江三角洲地区						
上 海	32679.9	30633.0	6.6	104.4	110.8	-6.9
江 苏	92595.4	85900.9	6.7	4141.7	4076.7	1.8
浙 江	56197.2	51768.3	7.1	1967.0	1933.9	1.9
珠江三角洲地区						
广 州	22859.4	21503.2	6.2	223.4	220.5	2.5
深 圳	24222.0	22490.1	7.6	22.1	19.6	3.9
珠 海	2914.7	2675.2	8.0	50.1	48.8	1.2
佛 山	9935.9	9398.5	6.3	144.5	133.7	5.8
惠 州	4103.1	3830.6	6.0	176.0	166.6	3.6
东 莞	8278.6	7582.1	7.4	25.0	22.9	7.4
中 山	3632.7	3430.3	5.9	61.6	55.6	2.2
江 门	2900.4	2690.3	7.8	201.7	187.4	4.1
肇 庆	2201.8	2110.0	6.6	347.9	326.6	4.8

7-2 续表

单位：亿元

地 区	第二产业			第三产业			人均地区生产总值(元)		
	2018	2017	增长速度(%)	2018	2017	增长速度(%)	2018	2017	增长速度(%)
全 国	**366000.9**	**332742.7**	**5.8**	**469574.6**	**425912.1**	**7.6**	**64644**	**59201**	**6.1**
京津冀地区									
北 京	5647.7	5326.8	4.2	24553.6	22567.8	7.3	140211	128994	7.1
天 津	7609.8	7593.6	1.0	11027.1	10786.6	5.9	120711	118944	3.7
河 北	16040.1	15846.2	4.3	16632.2	15040.1	9.8	47772	45387	6.0
石家庄	2285.5	2714.3	4.9	3376.7	3068.1	10.2	55723	57024	6.6
唐 山	3817.8	3640.6	6.2	2644.0	2423.8	9.6	87855	82972	6.7
秦皇岛	542.0	512.7	7.0	890.3	794.6	8.3	52380	48356	6.6
邯 郸	1557.9	1619.5	3.7	1583.3	1453.2	10.0	36289	35567	6.4
邢 台	876.8	953.3	5.0	1008.6	889.5	9.9	29210	28499	6.6
保 定	1514.4	1584.9	3.9	1661.0	1475.0	10.5	30653	29580	6.2
张家口	518.4	511.1	9.3	791.5	715.4	6.6	34660	32219	7.5
承 德	537.4	610.2	3.0	676.7	620.3	10.2	41476	41299	5.7
沧 州	1580.0	1775.5	3.4	1820.5	1604.7	10.0	48563	48384	5.8
廊 坊	1138.1	1258.5	3.5	1773.5	1432.5	9.8	64907	61586	4.1
衡 水	639.3	690.9	4.9	718.9	644.7	9.8	34898	34177	6.6
长江三角洲地区									
上 海	9732.5	9330.7	1.8	22843.0	21191.5	8.7	134982	126634	6.5
江 苏	41248.5	38654.9	5.8	47205.2	43169.4	7.9	115168	107189	6.3
浙 江	23505.9	22232.1	6.7	30724.3	27602.3	7.8	98643	92057	5.7
珠江三角洲地区									
广 州	6234.1	6011.0	5.4	16401.8	15271.7	6.6	155491	150678	3.1
深 圳	9961.9	9318.1	9.3	14237.9	13152.4	6.4	189568	183544	3.2
珠 海	1433.8	1287.2	12.6	1430.8	1339.2	3.5	159428	155502	1.6
佛 山	5614.0	5424.7	6.1	4177.4	3840.2	6.6	127691	124324	3.2
惠 州	2161.6	2017.2	6.0	1765.5	1646.8	6.2	85418	80205	5.4
东 莞	4027.2	3663.2	6.9	4226.3	3896.0	7.9	98939	91329	6.6
中 山	1780.2	1725.0	4.5	1790.9	1649.7	7.6	110585	105711	4.6
江 门	1408.1	1325.0	8.4	1290.6	1177.9	7.7	63328	59089	7.2
肇 庆	774.6	771.5	6.6	1079.3	1011.9	6.9	53267	51464	5.8

7-3 三大经济区域主要城市指标
——财政、金融

单位：亿元

地区	一般公共预算收入			一般公共预算支出		
	2018	2017	增长速度(%)	2018	2017	增长速度(%)
全国	**97903.4**	**91469.4**	**7.0**	**188196.3**	**173228.3**	**8.6**
京津冀地区						
北京	5785.9	5430.8	6.5	7471.4	6824.5	9.5
天津	2106.2	2310.4	-8.8	3103.2	3282.5	-5.5
河北	3513.9	3233.8	8.7	7726.2	6639.2	16.4
石家庄	519.7	475.5	12.8	994.7	847.4	23.7
唐山	432.4	380.3	13.7	760.6	662.6	15.8
秦皇岛	133.4	118.6	12.6	290.4	262.7	10.6
邯郸	243.4	220.1	10.6	619.1	547.0	16.0
邢台	149.0	126.7	17.6	493.4	418.5	17.6
保定	278.7	278.4	11.2	729.1	718.0	16.9
张家口	156.9	135.8	15.5	561.5	472.6	19.2
承德	104.6	89.2	17.2	367.5	337.6	12.4
沧州	263.4	239.5	10.0	622.4	550.5	12.2
廊坊	362.0	331.5	9.2	620.2	582.7	6.2
衡水	115.0	103.5	11.1	357.2	298.3	19.2
长江三角洲地区						
上海	7108.1	6642.3	7.0	8351.5	7547.6	10.7
江苏	8630.2	8171.5	5.6	11657.4	10621.4	9.8
浙江	6598.2	5804.4	13.7	8629.5	7530.3	14.6
珠江三角洲地区						
广州	1634.2	1536.7	6.3	2506.2	2186.0	14.6
深圳	3538.4	3332.1	6.2	4282.6	4593.8	-6.8
珠海	331.5	314.4	5.4	572.5	493.9	15.9
佛山	703.1	661.6	6.3	806.5	775.0	4.1
惠州	393.0	389.1	1.0	544.2	554.0	-1.8
东莞	649.9	592.1	9.8	765.4	667.7	14.6
中山	315.2	312.8	0.8	437.9	455.2	-3.8
江门	244.0	222.4	9.7	377.9	333.3	13.4
肇庆	106.0	94.9	11.8	315.7	271.2	16.4

7-3 续表

单位：亿元

地区	金融机构人民币存款余额			金融机构人民币贷款余额		
	2018	2017	增长速度(%)	2018	2017	增长速度(%)
全国	**1775226**	**1641044**	**8.2**	**1362927**	**1201321**	**13.5**
京津冀地区						
北京	150430.4	137952.1	9.0	66767.0	63382.5	5.3
天津	30983.2	29746.2	4.2	34084.9	30103.1	13.2
河北	65910.2	60033.0	9.8	47744.1	42891.2	11.3
长江三角洲地区						
上海	121112.3	105161.8	1.9	73272.4	62258.0	13.8
江苏	139717.9	129942.9	7.5	115719.0	102113.3	13.3
浙江	116512.7	104000.6	8.6	105774.9	88606.5	17.2
珠江三角洲地区						
广州	54788.1	51369.0	6.7	40749.3	34137.1	19.4
深圳	72550.4	69668.3	4.1	52539.8	46329.3	13.4
珠海	7542.9	6928.7	8.9	5238.2	4806.9	9.0
佛山	15372.8	14042.4	9.5	10457.7	9377.0	11.5
惠州	6171.3	5485.6	12.5	4886.8	4012.9	21.8
东莞	14157.2	12498.0	13.3	8209.7	6986.3	17.5
中山	5930.5	5413.8	9.5	4036.4	3734.9	8.1
江门	4528.9	4271.9	6.0	3140.9	2796.8	12.3
肇庆	2495.8	2259.8	10.4	1825.5	1502.0	21.5

注：本表中珠江三角洲地区城市数据为金融机构本外币存贷款口径。

7-4 三大经济区域主要城市指标
——投资、消费

地 区	全社会固定资产投资增速（%）		社会消费品零售总额（亿元）	
	2018	2017	2018	比2017年增长(%)
全 国	**5.9**	**7.0**	**380986.9**	**9.0**
京津冀地区				
北 京	-9.9	5.7	11747.7	2.7
天 津	-5.6	0.5	5533.0	1.7
河 北	6.0	5.2	16537.1	9.0
石家庄	6.4	6.6	3274.4	9.1
唐 山	6.8	6.5	2743.6	8.7
秦皇岛	4.9	-0.2	830.6	8.8
邯 郸	6.6	5.5	1686.8	9.3
邢 台	6.1	5.0	1148.1	9.4
保 定	6.7	-0.9	2154.2	8.9
张家口	7.4	0.5	795.1	8.9
承 德	-18.3	7.2	640.7	9.2
沧 州	5.3	6.5	1429.9	9.0
廊 坊	6.9	6.9	1043.0	9.0
衡 水	6.6	5.4	790.6	9.3
长江三角洲地区				
上 海	5.2	7.3	12668.7	7.9
江 苏	5.5	7.3	33230.4	7.9
浙 江	7.1	5.3	25007.9	9.0
珠江三角洲地区				
广 州	8.2	3.8	9256.2	-1.6
深 圳	20.6	26.2	6168.9	2.5
珠 海	20.7	19.6	1160.6	2.9
佛 山	5.6	21.5	3287.5	-1.0
惠 州	3.1	9.6	1479.0	8.5
东 莞	5.8	10.0	2905.6	8.1
中 山	5.5	8.7	1490.8	13.8
江 门	9.5	16.9	1407.6	10.0
肇 庆	10.0	9.0	866.7	7.0

注：1. 本表中全社会固定资产投资除北京市外，均为固定资产投资（不含农户）口径。

2.本表中社会消费品零售总额增速除珠江三角洲地区城市外，均按可比口径计算。

7-5 三大经济区域主要城市指标
——对外经济贸易

单位：亿美元

地 区	出口值			进口值			实际利用外商直接投资		
	2018	2017	增长速度(%)	2018	2017	增长速度(%)	2018	2017	增长速度(%)
全 国	**24866.8**	**22633.7**	**9.9**	**21357.3**	**18437.9**	**15.8**	**1349.7**	**1310.4**	**3.0**
京津冀地区									
北 京	741.7	585.0	26.8	3382.6	2652.2	27.5	173.1	243.3	-28.8
天 津	488.1	435.7	12.0	737.5	693.8	18.8	48.5	106.1	-54.3
河 北	339.9	313.6	8.4	198.9	184.5	7.5	97.0	89.4	8.6
石家庄	86.7	78.4	10.7	52.1	48.9	6.1	15.0	13.9	7.5
唐 山	48.6	54.7	-11.1	42.4	44.5	-5.0	17.0	16.1	5.8
秦皇岛	36.0	31.8	13.0	17.7	18.1	-2.3	11.1	10.2	8.5
邯 郸	14.8	13.5	10.2	7.0	8.4	-17.6	11.1	10.9	2.0
邢 台	18.8	16.3	14.9	3.6	4.9	-26.8	6.4	6.0	5.7
保 定	42.2	38.2	10.5	8.0	11.7	-31.1	9.8	7.8	25.5
张家口	3.3	3.3	0.3	3.5	1.8	90.5	4.4	4.1	7.3
承 德	3.1	4.3	-27.3	0.1	0.2	-36.3	2.0	0.4	436.8
沧 州	30.0	23.9	25.6	18.0	12.6	40.6	6.7	6.2	7.8
廊 坊	26.7	22.6	18.2	43.8	30.9	42.2	10.5	9.9	6.1
衡 水	29.7	26.7	11.1	2.8	2.6	8.4	2.9	2.6	12.6
长江三角洲地区									
上 海	2071.4	1936.8	7.0	3085.4	2824.4	9.2	173.0	170.1	1.7
江 苏	4039.7	3633.0	11.2	2599.4	2278.4	14.1	255.9	251.4	1.8
浙 江	3210.4	2868.9	7.1	1113.2	910.1	22.3	186.4	179.0	4.1
珠江三角洲地区									
广 州	848.5	853.2	-0.6	636.6	579.3	9.9		62.9	
深 圳	2463.4	2443.6	0.8	2075.9	1697.9	22.3		74.0	
珠 海	286.5	278.9	2.7	207.0	164.0	26.3		24.3	
佛 山	535.6	464.8	15.2	162.1	177.8	-8.8		16.2	
惠 州	334.6	329.6	1.5	171.0	174.6	-2.1		11.4	
东 莞	1204.4	1038.1	16.0	829.1	772.9	7.3		17.2	
中 山	273.2	302.8	-9.8	81.9	77.8	5.3		5.1	
江 门	170.3	158.6	7.4	52.8	45.8	15.5		5.1	
肇 庆	36.0	32.8	9.8	23.0	20.0	15.3		1.8	

注：各地区进出口数据按经营单位所在地统计。

7-6 三大经济区域主要城市指标
——价 格

地 区	居民消费价格指数		工业生产者出厂价格指数		工业生产者购进价格指数	
	2018	2017	2018	2017	2018	2017
全 国	**102.1**	**101.6**	**103.5**	**106.3**	**104.1**	**108.1**
京津冀地区						
北 京	102.5	101.9	100.0	100.7	100.8	104.4
天 津	102.0	102.1	105.4	108.4	106.2	111.1
河 北	102.4	101.7	106.2	115.0		114.5
石家庄	102.3	101.4				
唐 山	102.3	101.6				
秦皇岛	102.3	101.8				
邯 郸	102.3	101.4				
邢 台	102.2	102.0				
保 定	102.2	102.9				
张家口	102.9	101.9				
承 德	102.8	102.0				
沧 州	102.6	101.9				
廊 坊	102.7	102.7				
衡 水	102.5	101.6				
长江三角洲地区						
上 海	101.6	101.7	101.7	103.5	105.2	108.9
江 苏	102.3	101.7	102.8	104.8	104.6	109.7
浙 江	102.3	102.1	103.4	104.8	105.1	109.6
珠江三角洲地区						
广 州	102.4	102.3	101.0	102.3		
深 圳	102.8	101.4	100.2	101.8		
珠 海	102.3	100.8	101.9	103.2		
佛 山	102.0	101.9	101.9	104.5		
惠 州	101.8	101.8	102.8	104.2		
东 莞	102.5	101.4	100.6	101.7		
中 山	101.4	101.6	101.1	102.5		
江 门	101.7	101.6	102.0	103.5		
肇 庆	101.5	101.6	102.4	105.2		

7-7 三大经济区域主要城市指标
——从业人员

单位：万人

地区	从业人员			第一产业		
	2018	2017	增长速度(%)	2018	2017	增长速度(%)
全国	**77586**	**77640**	**-0.07**	**20258**	**20944**	**-3.3**
京津冀地区						
北京	1237.8	1246.8	-0.7	45.4	48.8	-6.9
天津	896.6	894.8	0.2	60.1	62.7	-4.2
河北	4196.1	4206.7	-0.3	1360.1	1366.9	-0.5
长江三角洲地区						
上海		1372.7			42.4	
江苏	4750.9	4757.8	-0.15		799.3	
浙江	3836.0	3796.0	1.1	437.0	447.9	-2.4
珠江三角洲地区						
广州	896.5	862.3	4.0	60.6	62.0	-2.2
深圳	1050.3	943.3	11.3	1.6	1.6	-0.4
珠海	116.0	112.4	3.2	6.0	6.2	-2.7
佛山	440.9	435.5	1.2	19.6	21.4	-8.2
惠州	290.3	289.1	0.4	48.3	49.0	-1.4
东莞	667.2	660.4	1.0	5.7	5.8	-2.4
中山	213.0	212.2	0.4	9.5	10.0	-4.6
江门	247.1	244.9	0.9	77.7	78.9	-1.5
肇庆	225.3	221.3	1.8	105.3	106.6	-1.3

7-7 续表

单位：万人

地 区	第二产业			第三产业		
	2018	2017	增长速度(%)	2018	2017	增长速度(%)
全国	**21390**	**21824**	**-2.0**	**35938**	**34872**	**3.1**
京津冀地区						
北 京	182.2	192.8	-5.5	1010.2	1005.2	0.5
天 津	285.0	290.9	-2.0	551.5	541.2	1.9
河 北	1367.7	1396.6	-2.1	1468.4	1443.2	1.7
长江三角洲地区						
上 海		430.5			899.7	
江 苏		2041.1			1917.4	
浙 江	1730.0	1754.6	-1.4	1669.0	1593.5	4.7
珠江三角洲地区						
广 州	289.4	286.6	1.0	546.5	513.7	6.4
深 圳	444.8	419.3	6.1	603.9	522.4	15.6
珠 海	55.7	54.8	1.7	54.2	51.4	5.5
佛 山	248.1	247.0	0.4	173.2	167.1	3.7
惠 州	144.6	144.0	0.4	97.5	96.1	1.4
东 莞	456.4	450.8	1.2	205.1	203.8	0.6
中 山	134.9	138.1	-2.3	68.6	64.1	7.0
江 门	88.0	97.1	-9.4	81.4	68.9	18.1
肇 庆	57.1	57.0	0.1	63.0	57.7	9.2

7-8 三大经济区域主要城市指标
——职工工资与居民收入

地区	城镇单位在岗职工年末人数(万人)			城镇单位在岗职工平均工资(元)		
	2018	2017	增长速度(%)	2018	2017	增长速度(%)
全 国	**17258.2**	**17643.8**	**-2.2**	**84744**	**76121**	**11.3**
京津冀地区						
北 京	762.1	756.4	0.8	149843	134994	11.0
天 津	260.3	230.8	12.8	103931	100506	7.2
河 北	507.9	498.4	1.9	71633	65266	9.8
石家庄	91.5	87.3	4.7	75113	67880	10.6
唐 山	73.6	71.4	3.1	74569	66843	11.6
秦皇岛	25.9	26.7	-3.1	75131	70753	6.2
邯 郸	56.0	54.5	2.7	62696	58917	6.4
邢 台	34.5	33.0	4.5	64248	59431	8.1
保 定	69.9	71.8	-2.6	70533	63297	9.9
张家口	30.2	29.7	1.9	67785	62338	8.7
承 德	24.1	23.3	3.6	65558	60270	8.8
沧 州	41.5	39.8	4.3	73826	66984	10.2
廊 坊	38.9	39.2	-0.8	86177	77665	11.0
衡 水	21.9	21.7	0.8	62877	58014	8.4
长江三角洲地区						
上 海	640.7	632.3	1.3	142983	13765	9.3
江 苏	1472.6	1394.6	5.6	86590	79741	8.6
浙 江	1013.5	993.5	2.0	90857	80750	9.9
珠江三角洲地区						
广 州	331.9	316.4	4.9	111839	98612	13.4
深 圳	466.9	447.3	4.4	111709	100173	11.5
珠 海	74.4	72.6	2.5	87032	81014	7.4
佛 山	160.4	162.3	-1.2	80288	72712	10.4
惠 州	90.9	95.0	-4.3	77634	70890	9.5
东 莞	237.2	237.2	0.02	69937	61619	13.5
中 山	73.8	75.2	-1.9	74484	68034	9.5
江 门	59.3	53.6	10.5	71371	66107	8.0
肇 庆	37.4	37.9	-1.3	71451	65227	9.5

7-8 续表

地 区	城镇居民人均可支配收入(元)			农村居民人均可支配收入(元)		
	2018	2017	增长速度(%)	2018	2017	增长速度(%)
全 国	**39251**	**36396**	**7.8**	**14617**	**13432**	**8.8**
京津冀地区						
北 京	67990	62406	8.9	26490	24240	9.3
天 津	42976	40278	6.7	23065	21754	6.0
河 北	32977	30548	8.0	14031	12881	8.9
石家庄	35563	32929	8.0	14518	13345	8.8
唐 山	39365	36415	8.1	17656	16229	9.0
秦皇岛	35386	32795	7.9	13719	12563	8.8
邯 郸	31133	28774	8.2	14307	13151	8.9
邢 台	28640	26179	9.4	12287	10999	11.8
保 定	30283	27859	8.7	14108	12779	10.3
张家口	31193	28512	9.4	11531	10293	12.2
承 德	29557	27042	9.3	10804	9682	11.6
沧 州	33528	31044	8.0	13516	12363	9.4
廊 坊	40435	37474	7.9	16865	15487	8.9
衡 水	28736	26195	9.7	12493	11194	11.7
长江三角洲地区						
上 海	68034	62596	8.7	30375	27825	9.2
江 苏	47200	43622	8.2	20845	19158	8.8
浙 江	55574	51261	8.4	27302	24956	9.4
珠江三角洲地区						
广 州	59982	55400	8.3	26020	23484	10.8
深 圳	57544	52938	8.7			
珠 海	50713	46826	8.3	26198	23496	11.5
佛 山	50737	46849	8.3	28765	26390	9.0
惠 州	39574	36608	8.1	21039	19284	9.1
东 莞	50721	46739	8.5	32277	29078	11.0
中 山	48804	45295	7.7	32263	30012	7.5
江 门	35466	32478	9.2	18154	16473	10.2
肇 庆	30680	28276	8.5	17696	16431	7.7

2019
北京区域统计年鉴

第八章

BEIJING AREA
STATISTICAL YEARBOOK

北京与全国对比

简要说明

一、本章资料的主要内容

本章资料主要反映北京与全国主要指标数据对比和北京主要指标占全国比重情况，内容涵盖了产业发展、财政、金融、对外贸易、人口、就业、居民收入、教育、城市建设等经济社会领域。

二、本章资料的数据来源

北京市数据由北京市统计局根据相关资料整理，全国数据摘自2019年出版的《中国统计年鉴》。

8-1 北京与全国主要指标对比
——经 济

项 目		2018			2017		
		北 京	全 国	北京占全国(%)	北 京	全 国	北京占全国(%)
地区生产总值	(亿元)	30320.0	900309.0	3.4	28014.9	820754.3	3.4
第一产业	(亿元)	118.7	64734.0	0.2	120.4	62099.5	0.2
第二产业	(亿元)	5647.7	366000.9	1.5	5326.8	332742.7	1.6
第三产业	(亿元)	24553.6	469574.6	5.2	22567.8	425912.1	5.3
人均地区生产总值	(元)	140211	64644	—	128994	59201	—
一般公共预算收入	(亿元)	5785.9	97903.4	5.9	5430.8	91469.4	5.9
一般公共预算支出	(亿元)	7471.4	188196.3	4.0	6824.5	173228.3	3.9
全社会固定资产投资增速	(%)	-9.9	5.9	—	5.7	7.0	—
社会消费品零售总额	(亿元)	11747.7	380987.0	3.1	11575.4	366261.6	3.2
海关出口值	(亿美元)	741.7	24866.8	3.0	585.0	22633.7	2.6
海关进口值	(亿美元)	3382.6	21357.3	15.8	2652.2	18437.9	14.4
外商直接投资项目数	(个)	1639	60533	2.7	1309	35652	3.7
实际利用外商直接投资	(亿美元)	173.1	1349.7	12.8	243.3	1310.4	18.6
入境旅游人数	(万人次)	400.4	14119.8	2.8	392.6	13948.2	2.8
金融机构(含外资)人民币存款余额	(亿元)	150430.4	1775226.0	8.5	137952.1	1641044.0	8.4
金融机构(含外资)人民币贷款余额	(亿元)	66767.0	1362927.0	4.9	63382.5	1201321.0	5.3

注：全国一般公共预算收支为全国31个省（市、自治区）合计数。

8-2 北京与全国主要指标对比
——社 会

项 目		2018			2017		
		北 京	全 国	北京占全国(%)	北 京	全 国	北京占全国(%)
年底人口数(年末常住人口)	(万人)	2154.2	139538	1.5	2170.7	139008	1.6
城镇人口	(万人)	1863.4	83137	2.2	1876.6	81347	2.3
乡村人口	(万人)	290.8	56401	0.5	294.1	57661	0.5
从业人员	(万人)	1237.8	77586	1.6	1246.8	77640	1.6
居民人均可支配收入	(元)	62361	28228	—	57230	25974	—
城镇居民人均可支配收入	(元)	67990	39251	—	62406	36396	—
农村居民人均可支配收入	(元)	26490	14617	—	24240	13432	—
参加职工基本医疗保险人数	(万人)	1628.9	31680.8	5.1	1569.2	30322.7	5.2
普通高等学校本专科在校学生数	(万人)	58.1	2831.0	2.1	58.8	2753.6	2.1
普通中学在校学生数	(万人)	43.4	7028.0	0.6	43.0	6816.6	0.6
小学在校学生数	(万人)	91.3	10339.3	0.9	87.6	10093.7	0.9
专利授权量	(万件)	12.4	233.5	5.3	10.7	172.1	6.2
技术市场成交额	(亿元)	4957.8	17697.4	28.0	4486.9	13424.2	33.4
轨道交通里程	(公里)	637.0	5295.0	12.0	608.0	4570.0	13.3
电信业务总量	(亿元)	1771.0	65633.9	2.7	875.5	27596.7	3.2

注：表中普通中学在校学生数范围为普通高中和普通初中。

2019
北京区域统计年鉴

附录

BEIJING AREA
STATISTICAL YEARBOOK

指标解释

附录：指标解释

（一）法人情况

法人单位 指有权拥有资产、承担负债，并独立从事社会经济活动（或与其他单位进行交易）的组织。法人单位应同时具备以下条件：（1）依法成立，有自己的名称、组织机构和场所，能够独立承担民事责任；（2）独立拥有（或授权使用）资产或者经费，承担负债，有权与其他单位签订合同；（3）具有包括资产负债表在内的账户，或者能够根据需要编制账户。

（二）人口和就业

户籍人口 指公民依照《中华人民共和国户口登记条例》已在其经常居住地的公安户籍管理机关登记了常住户口的人。

常住人口 指在某地区实际居住半年以上的人口。

常住外来人口 指不具有本市户籍户口，来自北京市行政区划以外的省、自治区、直辖市，且在京居住半年以上的人口。

从业人员 指在各级国家机关、党政机关、社会团体及企业、事业单位中工作，取得工资或其他形式的劳动报酬的全部人员，包括在岗职工、聘用的离退休人员，在单位中工作的港澳台及外籍人员、兼职人员、借用的外单位人员和第二职业者，不包括本单位的不在岗职工。

在岗职工 指在本单位工作并由单位支付工资的人员，以及有工作岗位，但由于学习、病伤产假（6个月以内）等原因暂未工作，仍由单位支付工资的人员。

在岗职工工资总额 与"在岗职工"指标相对应，根据1990年1月1日的国家统计局令（一号）修订，指单位在报告期内直接支付给本单位在岗职工的劳动报酬总额，包括基础工资、职务工资、级别工资、工龄工资、计件工资、奖金、各种津贴和补贴、交通补贴、洗理费、书报费、旅游费、过节费、伙食补助、住房补贴、住房提租补贴、由单位从个人工资中直接为其代扣或代缴的个人所得税、房水电费、住房公积金、社会保险基金个人缴纳部分等。

在岗职工平均工资 指企业、事业、机关等单位的在岗职工在一定时期内的人均劳动报酬，它表明一定时期在岗职工工资收入的高低程度，是反映在岗职工工资水平的主要指标。

（三）国民经济核算

地区生产总值 指按市场价格计算的地区生产总值的简称，它是一个地区所有常住单位在一定时期内生产活动的最终成果。地区生产总值有三种表现形式：价值形态、收入形态和产品形态。从价值形态看，它是所有常住单位在一定时期内所生产的全部货物和服务价值与同期投入的全部非固定资产货物和服务价值的差额，即所有常住单位的增加值之和；从收入形态看，它是所有常住单位在一定时期内创造的各项收入之和，包括劳动者报酬、生产税净额、固定资产折旧和营业盈余；从产品形态看，它是所有常住单位在一定时期内最终使用的货物和服务价值与货物和服务净出口价值之和。在实际核算中，地区生产总值有三种计算方法，即生产法、收入法和支出法。三种方法分别从不同的方面反映地区生产总值及其构成。

三次产业 根据社会生产活动历史发展的顺序对产业结构的划分，产品直接取自自然界的部门称为第一产业，对初级产品进行再加工的部门称为第二产业，为生产和消费提供各种服务的部门称为第三产业。这是世界上通用的产业结构分类，但各国的划分不尽一致。2012 年，国家统计局根据国家质检总局和国家标准委颁布的《国民经济行业分类》(GB/T 4754-2011)，对三次产业划分作如下规定》：

第一产业：农、林、牧、渔业（不含农、林、牧、渔服务业）。

第二产业：采矿业（不含开采辅助活动），制造业（不含金属制品、机械和设备修理业），电力、热力、燃气及水生产和供应业，建筑业。

第三产业：除第一产业、第二产业以外的其他行业。

（四）财政和税收

一般公共预算收入 通过一定的形式和程序，由各级财政部门组织并纳入预算管理的各项收入。

税收收入 包括增值税、营业税、企业所得税、个人所得税、资源税、城市维护建设税、房产税、印花税、城镇土地使用税、土地增值税、车船税、耕地占用税、契税等。

一般公共预算支出 指各级财政部门对集中的一般预算收入有计划地分配和使用而安排的支出。

一般公共服务支出 指政府提供基本公共管理与服务的支出，包括人大事务、政协事务、政府办公厅（室)及相关机构事务、发展与改革事务、统计信息事务、财政事务、税收事务、审计事务、海关事务、人力资源事务、纪检监察事务、人口与计划生育事务、 商贸事务、知识产权事务、工商行政管理事务、国土资源事务、 海洋管理事务、 测绘事务、地震事务、气象事务、民族事务、宗教事务、港澳台侨事务、档案事务、共产党事务、民主党派事务及工商联事务、群众团体事务、彩票事务等。

教育支出 指政府教育事务支出，包括教育行政管理、学前教育、小学教育、初中教育、普通高中教育、普通高等教育、初等职业教育、中专教育、技校教育、职业高中教育、高等职业教育、广播电视教育、留学生教育、特殊教育、干部继续教育、教育机关服务等。

科学技术支出 指用于科学技术方面的支出，包括科学技术管理事务、基础研究、应用研究、技术研究与开发、科技条件与服务、社会科学、科学技术普及、科技交流与合作等。

社会保障和就业支出 指政府在社会保障与就业方面的支出，包括社会保障和就业管理事务、民政管理事务、财政对社会保险基金的补助、补充全国社会保障基金、行政事业单位离退休、企业改革补助、就业补助、抚恤、退役安置、社会福利、残疾人事业、城市居民最低生活保障、其他城镇社会救济、农村社会救济、自然灾害生活救助、红十字事务等。

医疗卫生与计划生育支出 指政府医疗卫生与计划生育管理方面的支出。

节能环保支出 指政府环境保护支出，包括环境保护管理事务支出、环境监测与监察支出、污染治理支出、自然生态保护支出、天然林保护工程支出、退耕还林支出、风沙荒漠治理支出、退牧还草支出、已垦草原退耕还草、能源节约利用、污染减排、可再生能源和资源综合利用等支出。

交通运输支出 指政府交通运输和邮政业方面的支出，包括公路运输支出、水路运输支出、铁路运输支出、民用航空运输支出、邮政业支出等。

城乡社区支出 指政府城乡社区事务支出，包括城乡社区管理事务支出、城乡社区规划与管理支出、城乡社区公共设施支出、城乡社区住宅支出、城乡社区环境卫生支出、建设市场管理与监督支出等。

农林水支出 指政府农林水事务支出，包括农业支出、林业支出、水利支出、扶贫支出、农业综合开发支出等。

（五）投资和建筑业

固定资产投资额 指以货币形式表现的在一定时期内建造和购置固定资产的工作量以及与此有关的费用的总称。

房地产开发投资 指从本年1月1日起至本年最后一天止完成的全部用于房屋建设工程和土地开发工程的投资额，以及公益性建筑和土地购置费等投资。

房屋施工面积 指报告期内施工的全部房屋建筑面积。包括本期新开工的面积和上年开工跨入本期继续施工房屋面积，以及上期已停建在本期恢复施工的房屋面积。本期竣工和本期施工后又停建、缓建的房屋面积仍包括在施工面积中，多层建筑应填各层建筑面积之和。

房屋竣工面积 指报告期内房屋建筑按照设计要求已全部完工，达到住人和使用条件，经验收鉴定合格（或达到竣工验收标准），可正式移交使用的各栋房屋建筑面积的总和。

建筑业总产值 以货币表现的建筑业企业在一定时期内生产的建筑产品和服务的总和，包括建筑工程产值、安装工程产值、其他产值三部分内容。

年末从业人员 指年末最后一日24小时在本单位工作并取得劳动报酬或收入的期末实有人员数。该指标为时点指标，不包括最后一日当天及以前与单位解除劳动合同关系的人员和建筑业整建制使用的人员。

利润总额 指企业在一定会计期间的经营成果，是生产经营过程中各种收入扣除各种耗费后的盈余，反映企业在报告期内实现的亏盈总额。

（六）能源、环境

能源消费总量 指一定地域（行政或地理区域）内，国民经济各行业和居民家庭在一定时期所消费的各种能源的总和。能源消费总量包括终端能源消费量、能源加工转换损失量、能源运输和管理过程的损失量三部分。

生活垃圾无害化处理量 指报告期内简易处理场和各种垃圾无害化处理场（厂）处理垃圾的总量。垃圾简易处理量指垃圾简易填埋场所处理的垃圾总量，垃圾无害化处理量指垃圾无害化处理场（厂）所处理的垃圾总量。

生活垃圾无害化处理率 指报告期垃圾无害化处理量与垃圾产生量的比率。在统计时，如果生活垃圾产生量不易取得，可用清运量代替。

污水处理量 指污水处理厂和处理装置实际处理的污水量，包括物理处理量、生物处理量和化学处理量。

（七）农　　业

农林牧渔业总产值 以货币表现的农林牧渔业的全部产品总量和对农林牧渔业生产活动进行的各种支持性服务活动的价值。

农作物播种面积 指实际播种或移植有农作物的面积。凡是实际种植有农作物的面积，不论种植在耕地上还是种植在非耕地上，均包括在农作物播种面积中。在播种季节基本结束后，因遭灾重新改种和补种的农作物面积，也包括在内。

设施农业　指以工厂化生产方式，建造人工设施，改变气候条件，提高农作物抵御自然灾害的能力，改良生物特性，使作物实现错季或反季节生产，达到农作物均衡生产的目的。

农业机械总动力　指主要用于农、林、牧、渔业的各种动力机械的动力总和，包括耕作机械、排灌机械、收获机械、农用运输机械、植物保护机械、牧业机械、渔业机械和其他农用机械[内燃机按引擎马力折成瓦（特）计算，电动机按功率折成瓦（特）计算]。不包括专门用于乡、镇、村、组办工业、基本建设、非农业运输、科学实验和教学等非农业生产方面用的动力机械与作业机械。

农村用电量　指本年度内，扣除在农村中的国有经济工业交通、基建等单位的用电量以后的农村生产和生活的全年用电总量（计量单位千瓦小时，按全年累计数统计），即包括国家电网供电，也包括农村自办电站供电量。

农用化肥施用量　指本年度内实际用于农业生产的化学肥料数量，包括氮肥、磷肥、钾肥和复合肥。施用量要求按折纯量计算数量，即各类化学肥料的实际施用数量按其含氮、五氧化二磷、氧化钾的比例折成百分之百计算。

乡镇及行政村常住户数　指长期（一年以上）居住在乡镇（不包括城关镇）行政管理区域内的住户，还包括居住在城关镇所辖行政村范围内的农村住户。户口不在本地而在本地居住一年及以上的住户也包括在本地农村住户内；有本地户口，但举家外出谋生一年以上的住户，无论是否保留承包耕地都不包括在本地农村住户范围内，不包括乡村地区内的国有经济的机关、团体、学校、企业、事业单位的集体户。

乡镇及行政村常住人口　指乡村地区常住居民户数中的常住人口数，即经常在家或在家居住6个月以上，而且经济和生活与本户连成一体的人口。外出从业人员在外居住时间虽然在6个月以上，但收入主要带回家中，经济与本户连为一体，仍视为家庭常住人口；在家居住，生活和本户连成一体的国家职工、退休人员也为家庭常住人口。但是现役军人、中专及以上（走读生除外）的在校学生、常年在外（不包括探亲、看病等）且已有稳定的职业与居住场所的外出从业人员，不应当作家庭常住人口。

乡镇及行政村从业人员　指全部乡镇及行政村人口中16岁以上实际参加生产经营活动并取得实物或货币收入的人员，既包括劳动年龄内经常参加劳动的人员，也包括超过劳动年龄但经常参加劳动的人员，但不包括户口在家的在外学生、现役军人和丧失劳动能力的人，也不包括待业人员和家务劳动者。从业人员按从事主业时间最长（时间相同按收入）分为农业从业人员，工业从业人员，建筑业从业人员，交通运输仓储及邮政业从业人员，信息传输、计算机服务和软件业，批发与零售业从业人员，住宿和餐饮业从业人员及其他从业人员。

（八）工　　业

工业总产值　指工业企业在报告期内生产的以货币形式表现的工业最终产品和提供工业劳务活动的总价值量，包括在本企业内不再进行加工，经检验、包装入库（规定不需包装的产品除外）的成品价值，对外加工费收入，自制半成品、在制品期末期初差额价值。工业总产值采用“工厂法”计算，即以工业企业作为一个整体，按企业生产活动的最终成果来计算。

轻工业　指主要提供生活消费品和制作手工工具的工业。按其所使用的原料不同，可分为两大类：（1）以农业为原料的轻工业，是指直接或间接以农产品为基本原料的轻工业，主要包括食品制造、饮料制造、烟草加工、纺织、缝纫、皮革和毛皮制作、造纸以及印刷等工业。（2）以非农产品为原料的轻工业，是指以工业品为原料的轻工业，主要包括文教体育用品、化学药品制造、合成纤维制造、日用化学制品、日用玻璃制品、日用金属制品、手工工具制造、医疗器械制造、文化和办公用机械制造等工业。

重工业 指为国民经济各部门提供物质技术基础的主要生产资料的工业，按其生产性质和产品用途，可以分为下列三类：（1）采掘（伐）工业。指对自然资源的开采，包括石油开采、煤炭开采、金属矿开采、非金属矿开采和木材采伐等工业。（2）原材料工业。指向国民经济各部门提供基本材料、动力和燃料的工业，包括金属冶炼及加工、炼焦及焦炭化学、化工原料、水泥、人造板以及电力、石油和煤炭加工等工业。（3）加工工业。指对工业原材料进行再加工制造的工业，包括装备国民经济各部门的机械设备制造工业、金属结构、水泥制品等工业，以及为农业提供的生产资料如化肥、农药等工业。

工业销售产值 以货币形式表现的，工业企业在报告期内销售的本企业生产的工业产品或提供工业性劳务价值的总价值量。包括企业在报告期内实际销售（包括本期生产和非本期生产）的全部成品、半成品的总价值，报告期内完成的对外承接的工业品加工的加工费收入，对外工业品修理作业可获取的加工费收入和对内非工业部门提供的加工修理、设备安装等收入。已销售的成品、半成品不论是本期生产的，还是非本期生产的，只要是本期销售出去的均包括在内。企业为本单位基本建设部门、生活福利部门等提供的产品和工业性作业及自制设备也应视同销售，这部分也应作为销售统计。

资产总计 指企业过去的交易或者事项形成的、由企业拥有或者控制的、预期会给企业带来经济利益的资源。资产一般按流动性分为流动资产和非流动资产，其中流动资产可分为货币资金、交易性金融资产、应收票据、应收账款、预付款项、其他应收款、存货等；非流动资产可分为长期股权投资、固定资产、无形资产及其他非流动资产等。

负债合计 指企业过去的交易或者事项形成的、预期会导致经济利益流出企业的现时义务。负债一般按偿还期长短分为流动负债和非流动负债。

所有者权益合计 指企业资产扣除负债后由所有者享有的剩余权益。公司的所有者权益又称股东权益。包括实收资本、资本公积、盈余公积、未分配利润等。

主营业务收入 指企业确认的销售商品、提供劳务等主营业务的收入。

利润总额 指企业在一定会计期间的经营成果，是生产经营过程中各种收入扣除各种耗费后的盈余，反映企业在报告期内实现的亏盈总额。

应交增值税 指企业按税法规定，从事货物销售或提供加工、修理修配劳务等增加货物价值的活动本期应交纳的税金。应交增值税不含期初未抵扣税额。

（九）商　　业

社会消费品零售总额 指企业（单位、个体户）通过交易直接售给个人、社会集团非生产、非经营用的实物商品金额，以及提供餐饮服务所取得的收入金额。

批发和零售业单位 指在流通环节主要从事商品批发活动和零售活动的单位（含法人单位、产业活动单位、个体经营户）。

商品购进额 指从本企业（单位）以外的单位和个人购进（包括从国外直接进口）作为转卖或加工后转卖的商品金额（含增值税）。本指标反映批发和零售业从国内外市场上购进商品的总价。

商品销售额 指对本企业以外的单位和个人出售的商品金额（包括售给本单位消费用的商品，含增值税）。本指标反映批发和零售业在国内市场上销售商品以及出口商品的总价。

餐饮业单位 指在一定场所，专门从事对食物进行现场烹饪、调制，并出售给顾客主要供现场消费服务活动的单位（含法人单位、产业活动单位、个体经营户）。如各种饭馆、中西餐厅、酒馆、茶馆和火车餐车、车站食堂、飞机场餐厅等。

住宿业单位 指有偿为顾客提供临时住宿服务活动的单位（含法人单位、产业活动单位、个体经营户），如旅游饭店、宾馆、酒店和旅馆、旅店等。

（十）对外贸易

进出口总值 指实际进、出我国海关并能引起我国境内物质资源增加或减少的进出口货物总金额，包括我国境内法人和其他组织以一般贸易、易货贸易、加工贸易、补偿贸易、寄售代销贸易等方式进出口的货物、租赁期一年及以上的租赁进出口货物、边境小额贸易货物、国际援助物资或捐赠品、保税区和保税仓库进出口货物等的金额合计。进出口总值是观察一个国家在对外贸易方面的总规模。我国规定出口货物按离岸价格统计，进口货物按到岸价格统计。

实际利用外商直接投资额 指批准的合同外资金额的实际执行数，外国投资者根据批准外商投资企业的合同（章程）的规定实际缴付的出资额和企业投资总额内外国投资者以自己的境外自有资金实际直接向企业提供的贷款。

（十一）旅　游

入境旅游者 指来中国（大陆）观光、度假、探亲访友、就医疗养、购物、参加会议或从事经济、文化、体育、宗教活动，且在中国（大陆）的旅游住宿设施内至少停留一夜的外国人、港澳台同胞等游客。入境旅游者不包括以下人员：（1）应邀来华访问的政府部长以上官员及其随行人员；（2）外国驻华使领馆官员、外交人员以及随行的家庭服务人员和受赡养者；（3）常住中国（大陆）一年以上的外国专家、留学生、记者、商务机构人员等；（4）乘坐国际航班过境不需要通过护照检查进入中国（大陆）口岸的中转旅客；（5）边境地区往来的边民；（6）回大陆定居的港澳台同胞；（7）已在中国（大陆）定居的外国人和原已出境又返回在中国（大陆）定居的外国侨民；（8）归国的中国（大陆）出国人员。

（十二）价格指数

居民消费价格指数 指度量消费商品及服务项目价格水平随着时间而变动的相对数，反映一定时期内居民家庭购买的消费品及服务价格水平的变动趋势和变动程度。居民消费价格指数变动率通常被用来作为反映通货膨胀（或紧缩）程度的指标。

工业生产者出厂价格指数 指反映全部工业产品出厂价格总水平变动程度的相对数，包括工业企业售给商业、外贸、物资部门的产品，还包括售给工业和其他部门的生产资料以及直接售给居民的生活消费品。通过工业生产价格指数能观察工业产品出厂价格变动对工业总产值的影响。

工业生产者购进价格指数 指反映全部工业原材料、燃料、动力购进价格总水平变动程度的相对数，用以观察和研究工业企业原材料价格变动对生产的影响，以及企业对原材料涨价的消化能力和承受能力，为制定价格政策提供依据。

（十三）居民收支

可支配收入 指调查户在调查期内获得的、可用于最终消费支出和储蓄的总和，即调查户可以用来自由支配的收入。可支配收入既包括现金，也包括实物收入。按照收入的来源，可支配收入包含四项，分别为：工资性收入、经营净收入、财产净收入和转移净收入。

消费支出 指住户用于满足家庭日常生活消费需要的全部支出，包括用于消费品的支出和用于服务性消费的支出。根据用途不同，消费支出可划分为食品烟酒、衣着、居住、生活用品及服务、交通通信、教育文化娱乐、医疗保健、其他用品及服务八大类。根据来源不同，消费支出可划分为现金消费支出、实物消费支出（含自产自用、来自单位或雇主、来自政府和其他社会组织）。

（十四）教　　育

毕业生数 指上学年度内，具有学籍的学生学完教学计划规定的全部课程，考试及格，取得毕业证书，实际毕业的学生数。不包括结业生和肄业生数。

招生数 指新学年开始时，按照国家计划实际招收入学的新生数，不包括留级生和复读学生数。

在校学生数 指学年初开学以后，具有学籍的注册学生数。

教职工数 指在学校(机构)工作并由学校(机构)支付工资的教职工人数。教职工数包括校本部教职工、科研机构人员、校办企业职工、其他附设机构人员。

专任教师 指主要从事教育工作的人员，包括临时（一年以内）调去帮助做其他工作的教学人员；不包括调离教学岗位，担任行政领导工作或其他工作的原教学人员；不包括兼任教师和代课教师。

（十五）文化、科技

公共图书馆藏书 指各级文化部门举办的面向社会服务的独立的图书馆（不包括文化馆的图书室，也不包括文化系统以外的图书馆）藏书数量。

专利申请量 指企业在报告年度内向专利行政部门提出专利申请并受理的件数。

专利授权量 指企业在报告年度内获得专利行政部门授权的专利的件数。

（十六）卫生、体育

卫生机构 指从卫生行政部门取得《医疗机构执业许可证》，或从民政、工商行政、机构编制管理部门取得法人单位登记证书，为社会提供医疗保健、疾病控制、卫生监督服务或从事医学科研和医学在职培训等工作的单位。

卫生技术人员 指由卫生机构支付工资的全部固定职工和合同制职工中现任职务为卫生技术工作的专业人员，不包括从事管理工作的人员。

执业医师和注册护士 指领取医师执业证书和注册护士证书的人员，不包括从事管理工作的医师和护士。

体育场地 指专门用于体育训练、比赛和健身活动的，有一定投资的公益性或经营性体育建筑设施，包括必要的附属功能用房。

（十七）社会福利

社会救助对象总人数 指在报告期末生活在当地规定的最低生活保障线以下的家庭人员及国家规定由民政部门救济的特殊人员和上世纪60年代精简退职老职工救济人员等。

城市居民最低生活保障人数 指报告期末家庭平均收入在当地规定的最低生活保障线以下的城镇居民数，包括“三无”对象、失业人员和在职、下岗、退休人员等。

农村居民最低生活保障人数 指报告期末在建立农村最低生活保障制度的地区，得到当地政府或集体给予最低生活保障的农业人口家庭人数。

参加基本养老保险人数 指报告期末按照国家法律、法规和有关政策规定参加基本养老保险并在社保经办机构已建立缴费记录档案的职工人数，包括中断缴费但未终止养老保险关系的职工人数和参加基本养老保险的离休、退休和退职人员的人数，不包括只登记未建立缴费记录档案的人数。

参加基本医疗保险人数 指报告期末按国家有关规定参加基本医疗保险的人数，包括参加保险的职工人数和退休人员数。

参加失业保险人数 指报告期末按照国家法律、法规和有关政策规定参加了失业保险的城镇企业事业单位的职工及地方政府规定参加失业保险的其他人员的人数；参加失业保险人数为参加失业保险的职工人数。

（十八）开发区

已开发土地面积 指在规划范围内达到“七通一平”标准的，具备进行房屋建筑物施工或出让条件的土地面积。

已供应土地面积 指开发区内通过各种方式获得土地使用权的土地面积，包括出让、划拨、租赁等。

总收入 指企业全年的生产产品销售收入、技术性收入和与本企业产品相关的商品的销售收入、其它收入等各种收入的总和，总收入等于主营业务收入加上其他业务收入。总收入应按不含增值税的价格计算，不包括补贴收入、营业外收入、投资收益。

注册资本 指为设立经营企业在工商行政管理机关注册的资本总额。

合同外资金额 指批准的合同（章程）中，外商和港、澳、台商的出资额。

外商实际投资 指按合同规定的外方和港、澳、台方以现金、实物、工业产权及专有技术的计价实缴资本投资额。

出口交货值 指工业企业自营（委托）出口（包括销往香港、澳门、台湾地区）或交给外贸部门出口的产品价值，以及外商来样、来料加工、来件装配和补偿贸易等生产的产品价值。

应缴税金总额 指企业按国家规定应向税务机关缴纳各种税金的总额。主要包括应交增值税、应交所得税、营业税金及附加、管理费用中的税金等。